日本語と西欧語

主語の由来を探る

金谷武洋

講談社学術文庫

本書を妻Jacqueline Bédardに捧げる

C’est à ton tour, Jacqueline.
Continuons à réinventer
le monde à notre image.

目次

日本語と西欧語

主語の由来を探る

序　章　上昇気流に乗った英語

日本語は特殊な言語ではない

本書の狙いは、よく喧伝《けんでん》される「日本語特殊言語論」への反論である。また、同時に「英語標準言語主義」に対して警鐘を鳴らしたいと思う。

言語の表現形式における「自然と人間の力関係」という観点から世界の言語を広く見渡してみると、西洋語がその歴史を通じて一貫して「自然離れ」の航海を続けてきたことに今さらながらに驚かされる。人間中心の表現形式に溢れた、典型的な「する言語」である現代英語は、その方向において最も遠くへ至った言語であろう。逆に、自然中心の「ある言語」である日本語は、むしろ世界的に見るとありふれた平凡な言語なのである。

すでに泉井久之助《いずいひさのすけ》が『ヨーロッパの言語』で「今日の英語を標準にして言語的ヨーロッパを考えることは大きな誤り」と喝破したように、英語はヨーロッパにおいてさえ「まったく例外的」な言語なのだ。ヨーロッパの他の主要な言葉に対してさえそうであるなら、日本語など東アジアの言語を英文法で記述するなどという試みは放棄すべきだ。それは、「京都の苔むした庭園の真中にディズニーランドの噴水を作るような悲劇的な愚行」である。悲しいかな、明治維新以来いまだに「主語」の呪縛から自由になれない「国語」の学校文法は、三上章《みかみあきら》がそう呼んだ「第二英文法」のままである。

主語に普遍性はない

英語など主要なヨーロッパ語と比較して、日本語文法に主語は「やはり」不要であることを筆者は処女作『日本語に主語はいらない——百年の誤謬を正す』（講談社選書メチエ、二〇〇二年）で論証した。続いて上梓した『日本語文法の謎を解く——「ある」日本語と「する」英語』（ちくま新書、二〇〇三年）では、文法比較を通じて英語と日本語の発想・世界観の違いを考察した（本書では上記二冊をそれぞれ『主語はいらない』『謎を解く』と略称する）。

日本語はある状況を、自動詞中心の「何かがそこにある・自然にそうなる」という、存在や状態変化の文として表現する。一方、英語は同じ状況を、「誰が何かをする」という意味の、他動詞を挟んだSVO（主語—他動詞—目的語）構文で示す。つまり、人間の行為を積極的に表現する傾向が強いことを指摘した。

さて、こうした日英語の対照的な特徴は、あくまでも現代英語と現代日本語を比較した上での結論である。しかし、上記二冊では詳しく述べなかったが、実は英語でさえ「人間中心」の発想と世界観は本来のものではない。その行為文中心の文法も、時代を追ってその方向へと変わってきたものなのである。「主語」という文法概念が普遍性を持ち得ない事実の「駄目押し」として、本書では英語自体が元々は日本語と同じで、発想が「ある言語」であったことを論証する。自然中心の世界観が人間中心のそれへと推移したことは、中沢新一の『熊から王へ』など多くの優れた研究も主張しているが、本書はそれを言語学から実証してみたい。主語をめぐる私の考察は、上記二冊に続く本書をもって三部作を一応完結する。

話者の視点が異なる

冒頭に述べた西洋語の「自然離れの航海」を理解するには、人類学者にして言語学者であったE・サピアの「駆流（drift）」のイメージも役立つ。「自然中心」の浜辺を離れて、沖へ沖へと向かう「人間中心」の潮流をイメージしてほしい。英語を先頭に、印欧語全体が次々にこの駆流に乗ってしまった。これに対して、日本語を含む多くの言語は、依然として浜辺をゆったりと洗っては返す潮《うしお》である。

さて、水平方向の駆流も面白いが、本書ではむしろサピアとは違って垂直方向の比喩（メタファー）を使おうと思う。話者の視点、という点で、英語は地上を離れて上空高く舞い上がり、今や「神の視点」を持つに至ったと思われるからである。

一方、日本語の話者の視点はいまだに地上に留まっている。こちらはむしろ「虫の視点」で状況をコトバ化するのだ。その様子を本書ではつぶさに観察しよう。英語は、天上からの「神の視点」、これに対して日本語は地上からの「虫の視点」。その違いは何とも対照的だ。ただし、「神」と「虫」という言葉を使っても、両者に優劣の差を喚起することは本書の目的ではないことをあらかじめお断りしておく。

「subject」と「nature」

今では神の視点を得た印欧語、とりわけ英語を象徴するのが「subject」と「nature」という二つの言葉ではないだろうか。「主語」は文法用語「subject」の訳である。しかし、歴史的に見るとこの翻訳は実は正しくない。なぜなら、subject の原意は「主」でなく、その正反対の「従」だからだ。例えば「君主」に対する「臣民」が subject なのである。語源的にも sub- が「下」であることは「地下鉄」の sub-way を考えてみるといい。本来は文においても「従語」だったはずの「subject」が、今や「主語」となってヨーロッパ語の多くで活躍しているのはなぜか。その背景も本書が明らかにするだろう。

日本語など東アジアの言語には必要ない「主語」は、明治維新以降は「脱亜入欧」の掛け声のもと、英文法を真似て導入されたのだった。大野晋《おおのすすむ》も『日本語の世界』付録の丸谷才一《まるやさいいち》との対談で、その事情をあっさり認めている。

明治以降、要するに英文法をもとにして、大槻博士が日本語の文法を組み立てた。そのときに、ヨーロッパでは文を作るときに主語を必ず立てる。そこで『文には主語と述語が必要』と決めた。そこで、日本語では主語を示すのに『は』を使う、と考えたのです。ヨーロッパにあるものは日本にもなくてはぐあいが悪いというわけで、無理にいろんなものをあてはめた。

ここまで言い切る大野なら、なぜ「日本語に主語はない」と文部科学省に断固抗議し、学校文法改正の音頭を取らないのだろう。言語学的に何ら根拠のない「ハとガの違い」の説明に拘泥《こうでい》し、三上章の「主語廃止論」を一蹴した国語学界の大御所である大野晋も、学問的に正しく批判される日がやがて来るだろう。なにしろ、大野は話題作『日本語練習帳』においても「日本語文法のうち、大切と思われるところのひとつだけを取り上げます」と言って、お得意の「ハとガの違い」に新書の四〇頁以上を費やしている有り様だ。それでいて三上文法には一言も言及していない。大野の主語論は『主語はいらない』で詳しく批判したので、ご興味のある方はご覧いただきたい。

言葉は時にシーソー遊びをする。subject がその相対的地位を上げていった時に、これとは逆に勢いを失った言葉たちがあった。その典型的な例が「自然」と訳される nature である。nature と言えば、現代社会では「人間の行為の対象となる不動の対象物」がまず想起される。絵画の「静物」は仏語で nature morte、文字通り「死んだ自然」だ。ところが、古典期のヨーロッパ、例えばローマ帝国の詩人ウェルギリウスが「農耕の歌」の中で solo natura subest と言う時の natura は、逆に極めて力動的である。私の敬愛してやまない泉井久之助が、前掲書の中でこのラテン語文を「大地には、ものを生んで成す力が潜んでいる」と訳しているが、蓋《けだ》し名訳であると思う。原文のラテン語では僅《わず》か三語だ。最後のsubest「潜んでいる」は「sub（下に）-est（ある）」で、ここにも先ほど見たsubjectやsubwayのsub-がある。

solo	natura	subest
大地には	ものを生んで成す力が	潜んでいる

さて、このnaturaこそが、日本語の「自然の勢い」の発想に連なるものなのだ。かつて丸山眞男《まるやままさお》は『古事記』の「ウマシアシカビヒコヂ」という表現に注目し、その「アシカビ」（葦牙）、つまり「つぎつぎとなりゆく」葦《あし》の若芽の「いきほひ」が日本人の世界を捉える生長の原初的イメージであると主張した（加藤典洋『日本という身体』）。その「いきほひ」こそが、ウェルギリウスのnaturaに潜む「ものを生んで成す力」と同じものであったろう。

「従」であったはずのsub-jectは、時代を下るにつれて次第にその地位を向上させ、ついには「主」と見なされるに至った。その経緯と、それとは反対方向に、自然（nature）が次第に息を止められていった壮大なパラダイム・シフトのドラマを、時空と洋の東西を駆けめぐりつつ解明してみようという、いささか大胆な企てが本書である。

ラテン語に「natura naturans」と「natura naturata」という二つの表現があるのは興味深い。「生成する」という意味の動詞 naturare の現在分詞 naturans で natura を形容したのが前者、過去分詞 naturata（生成された）で形容したのが後者である。人間と自然の力関係がちょうど交差したパラダイム・シフトの中間点にあって、話者の言う「natura」の意味が「生成しつつある自然」なのか、「生成された自然」なのかがよく話題となったのであろう。ウェルギリウスにとっての動的自然は natura naturans だが、現代の静的自然はすでに natura naturata であり、それは現代仏語の「静物」nature morte と同意語の「死んだ自然」である。

F・ソシュールは言語学の方法論として、「通時」ではなく「共時」研究を標榜《ひょうぼう》したが、真の言語研究とは、時空を超え歴史と比較を共に持つ地平でこそなされるべきものだ。今から一〇〇年以上前、眼下に華厳の滝を見て青ざめていた一六歳の藤村操《ふじむらみさお》ではないが、このささやかな一書をもって私もまた「悠々たる哉天壤、遼々たる哉古今」の「大をはからむ」としてみよう。単なる偶然だが、藤村操が自殺した年（一九〇三年）に「街の語学者」三上章が生まれている（「街の語学者」は八尾高校で同僚だった松浪有の表現）。本書は時間の横軸を座標に据えた言語類型論（タイポロジー）および比較文化論の試みである。

本書の構成

本書は全五章からなる。まず第一章「『神の視点』と『虫の視点』」では、日本語と英語の主たる相違点として、前書『謎を解く』で述べた「ある言語／する言語」の発想の違いの源流をさらに追っていく。そうして、その発想の違いの真の原因は、「話者の視点（視座）の違い」に由来することを指摘する。日本文学作品の抜粋とその英訳の比較から筆を進め、基本文／人称代名詞／敬語／やりもらい（授受動詞）／時制とアスペクトなど一連の重要文法項目の検証を通じて、英語と日本語の視点（視座）の典型的な違いを考察する。第一章の主題は、「いかに英語（や他のヨーロッパ語）が日本語など多くの言語とかけ離れてしまったか」である。

英語話者は、自分を包んでいた自然から自己を引き離し、もはや自分自身さえも対象化して、出来事の外部の上空から客観的に眺める「神の視点」を持つに至った。それに対して、日本語など多くの言語では話者の視点は対象化、客体化されなかった。出来事の内部、地上の「虫の視点」に留まっているのである。この視点の違いに関しては、森田良行《もりたよしゆき》の『日本人の発想、日本語の表現』に教えられる所が多かった。本書の主張は、第一章および第三章での言語考察が中心になるだろう。

第二章「アメリカよ、どこへ行く」では、本書を立体的な構成にする狙いで、しばし言語考察を離れる。言語は民族の文化や話者の世界観を決定する、とするのがいわゆる「ウォーフ・サピアの仮説」だが、そこまで言い切ることに私は賛成できない。それでは、同じ言葉を母語とする人たちの行為が一定不変のものとなり、しかも事前に予想されてしまうだろう。人々の行動は言語だけでなく自然環境、地域文化、職業、宗教、年齢、性別などによって変化する。同じ一人の人間ですら、年齢や遭遇した出来事によって、振舞いを頻繁に変えることもよく観察される。

しかし、言語の構造が、おそらく話者の意識しないレベルで、個人の世界観や価値観、マクロ的には言語共同体の思考パターンや文化に影響を与えるであろうことは認めてもいいと思う。とりわけ、今日のアメリカという国家と国民の振舞いを本書の「視点論」から分析してみたい。英語話者に端的に見られる「神の視点」と、近年のドナルド・トランプ政権によるアメリカの政治的外交的な選択とに関連性は見られないだろうか。

第三章「英語を遡《さかのぼ》る」では、再び言語の問題に帰ってくる。英文法を時代を遡って考察しよう。読者は、第一章で見た日本語と英語の相違点が次第に消えてゆき、逆に共通点が増えてゆく様子を見て驚かれるに違いない。つまり、現在という時点で輪切りにした英語／日本語は発想の点で大きく違っているが、それは主として「英語が変化した結果」なのである。英語話者の視点は、歴史のある時点から上昇気流に乗って現在の高みに至り、ついに「神の視点」を得たのだ。

今では普遍的と見なされている文法カテゴリーの「主語」だが、これが時間を遡ると消えてゆく。言うまでもなく、主語の「普遍性」を主張するなら、その普遍とは時空を超えるもの、つまり現代と過去のすべての言語において主語の存在、あるいは作業仮説としての主語の妥当性を立証しなくてはいけない。主語の普遍性を前書『主語はいらない』では現代日本語で否定したが、本書ではさらに過去の英語においてもその普遍性を否定する。かくて、言語理論上のカテゴリー（知的枠組み）としてさえ「主語の普遍性」は正当性を失うだろう。

第四章「日本語文法から世界を見る」では、十年一日のごとく「西洋語文法を使って日本語を説明する」のではなく、そのまったく反対方向で、日本語文法が日本語の枠を越えて一般言語学にも貢献できることの実例を示す。できるだけ平易な説明を試みるが、言語学の用語が煩わしい方はこの章を斜め読み／飛ばし読みしていただいて構わない。一方、言語学に関心のある読者には読みごたえがあると思う。

その実例とは、古いインド・ヨーロッパ語に見られる中動相（Middle Voice）だ。名前が示すように能動相（Active Voice）と受動相（Passive Voice）の中間のもの、より具体的には「形は受動相、意味は能動相」というのが中動相で、特に古典ギリシャ語やサンスクリット語に見られる。実は、この中動相の本来の機能が、いまだに解明されていないのだ。本書は、これまで中動相の謎の解明に挑戦した三人の言語学者の考察を紹介しつつ、その挫折の理由を明らかにする。その上で、中動相／能動相の機能とは結局、『主語はいらない』で私が論証した日本語の自動詞／他動詞の機能と基本的に同じものであることを指摘する。それを通じて、よく喧伝される「日本語特殊言語論」は根拠に乏しく、特殊なのはむしろ現代英語の方であることを明らかにしたい。中動相の真の役割が西洋の学者にどうしても分からないのは、彼らが自明と信じている「主語」というサングラスのせいなのだ。この二〇〇〇年以上の謎を解く鍵は、母語に同じ自動詞／他動詞の対立を持つ日本人や韓国人が握っている。我々ならこの問題で世界の言語学に寄与できるのに、その鍵と正答を提供しないのはいかにも残念でもったいない話だと思う。

最終章の第五章「最近の主語必要論」は、前書に続いて三上章（一九〇三―一九七一）の「主語廃止論」の擁護である。これまでの二冊で繰り返し述べたが、私の文法理論の基本的な部分は三上文法から発展させたものだ。本書の原本を執筆中だった二〇〇三年は日本語の「主語廃止論」を訴えた三上の生誕百年である。英語からの借り物でない、日本語の発想に根ざした三上文法を、我々は学校文法として定着させなくてはいけない。

日本人の子供が学校で学ぶ国語の「学校文法」と、外国語としての「日本語文法」の内容が大きく異なるという「タコツボ的状況」（丸山眞男）は早急に改正されなければならないが、それは英文法を日本語に当てはめただけの学校文法を改革する方向でなくてはいけない。三上文法こそは、その際の屋台骨となるべき資格を備えた第一級の日本語文法である。にもかかわらず、三上理論の流れを受け継ぐとされる、いわゆる「日本語学」を代表する人々の最近の著作において、三上が最も力説した「主語廃止論」からの乖離《かいり》、あるいは否定論さえ見られる現状を私は憂慮している。本書ではそうした著作の中において代表的な、庵功雄《いおりいさお》の『「象は鼻が長い」入門』と仁田義雄《にったよしお》の『日本語文法研究序説』を取り上げて論評を加えたい。

日本人なら言語学

イェール大学で長年中国語文法と言語学を教えていた橋本萬太郎《はしもとまんたろう》はかつて「日本人

なら言語学をやらぬ手はない」と言っていたそうだ。日本人なら中国語が比較的簡単に習得でき、これに英語を加えれば伝統的類型論で言われた孤立語（中国語）、屈折語（英語）、そして膠着語《こうちゃく》（日本語）の三大類型をすべてカバーできる。そして、日本語文法の見地に立てば、一般言語学に寄与貢献できる議論には不足しないから、というのがその理由だったと思う。三上章も同じ主張をしている。ただし、それには条件がある。英文法から日本語文法を眺めてきた積年の「鹿鳴館思考」から自由になり、各自「自分の頭で考える」ということである。それができず、英文法のサングラスをかけて日本語を眺めている限り、せいぜい海外の文法理論の紹介と祖述に留まらざるを得ないだろう。

「思想がいつも外からくるものと思っている」日本人だが（司馬遼太郎『この国のかたち』）、いつまでも「西洋におんぶ」では、橋本萬太郎がほのめかした「背中がぞくぞくするような楽しみ」はとても味わえない。では、いよいよ時空を駆けめぐるスリリングかつダイナミックな言語学の愉悦と興奮を心ゆくまで味わっていただこう。

なお、本書では原則として敬称を略することをあらかじめお断りしておく。

第一章　「神の視点」と「虫の視点」

クイズ：「風○窓○開○た」

一〇年近くも学校で英語を学びながら、ほとんどの日本人が英語での日常会話もおぼつかないのはなぜだろう。前書『謎を解く』で私はその理由の一端を示唆した。一言で言えば、英語と日本語は「発想が違いすぎるから」である。単語やイディオムをいくら暗記したって「ある日突然英語が話せる」ようには決してならない。逆に、発想の違いのパターンを把握したら上達は思ったより速い。本書ではその根本的な発想の違いを第一章で、そして時代を遡るにつれて英語が日本語に近寄る様子を第三章でお目にかけよう。

英語が自己主張向きで、日本語に比べるとかなり「攻撃的」な言葉であることは、前書ですでに述べたところである。聞き手を正面から見据える話者の視線からしてそうだが、遠くへ届かせるために学校などで意図的に訓練・習得させる発声法（Voice Projection Technique）の効果も大きい。なにしろ、日本語の音声は周波数で一二五から一五〇〇ヘルツの間に収まるが、英語ではそれと隔絶した二〇〇〇から八〇〇〇ヘルツなのだそうだ（石川九楊『二重言語国家・日本』）。

これは余談だが、私は発声法の訓練を集中的に受けたことがある。しかもトレーニングは日本でだった。高校の時に合唱をやっていたからである。よく「頭の天辺《てっぺん》から声を出せ」と言われたものだ。要は頭蓋骨を共鳴させるのである。お蔭様で英語を話す時に、大声ではないのに私の声はよく「通ってくれる」。後日に英会話で役立つとは思わなかった合唱クラブでの経験だが、とても有難いことだ。英会話に興味のある読者の皆さんにはぜひこうした発声の訓練をお勧めしたい。単語を五〇〇語暗記するに匹敵する価値は優にあると思う。

さて、英語の「攻撃性」は文の構造そのものにもあると述べたが、日本語では自動詞中心の「自然にそうなる」というタイプの言語表現が多い。英語はその逆で、人間の行為をせっせと表現する。それを「意図的にそうする」という他動詞中心のＳＶＯ構文で表現する傾向が非常に強いのだ。以上が『謎を解く』の副題を「『ある』日本語と『する』英語」とした理由である。

筆者はカナダの日本語教室でこんなクイズをしている。黒板に「風〇窓〇開〇た」

と大書して、「○に平仮名をひとつずつ入れて、正しい文にしなさい」と聞く。マル埋めクイズだ。カナダの学生はどう答えるだろう。そして、読者の皆さんはどういう文にされるだろうか。

日本人なら「風で窓が開いた」が一番自然な答えだと思う。ところが、カナダの学生にこう答える者はまずいない。それは、彼らが文頭の「風○」を直観的に主語だと予想するからだ。従って必然的に「風が」が選ばれる。すると残りは必然的に他動詞・目的語となるから、答えは「風が窓を開けた」である。つまり日本人は自動詞文「風で窓が開いた」を好むが、カナダ人（母語は仏語か英語）は他動詞文「風が窓を開けた」を好む、ということになる。そしてそれを学習中の日本語にも当てはめる、というわけだ。母語の外国語への干渉と言ってよいだろう。

同じような文だが、日本で電車が発車する時「ドアが閉まります。ご注意ください」という車掌のアナウンスがよく流れる。なぜ時には「ドアを閉めます」と言わないのか、と教え子が東京からわざわざ電子メールで尋ねてきたことがある。これもまた、日本人の自動詞文好みの表れだろう。「こういう文を耳にすれば、乗客は車掌が自分と同じ地平にいるという印象を持って安心するのだ」と返信したが、その「同じ地平」が「虫の視点」である。他動詞文の「ドアを閉めます」ではスイッチを押している車掌が行為者となり、その行為を受ける乗客との間に亀裂が生まれる。あたかも行為者は「神の視点」を持って状況を支配しているかのようだ。これでは乗客はいい印象を持てず、不安に襲われるかも知れない。

考えてみれば、畑仕事のお百姓さんに「精が出ますね」と声をかけるのも、自宅で「お茶が入りましたよ」とか「お風呂が沸いていますよ」などと言うのもそうした例で、これらは主客間の分断・対峙を避けるために好まれると言えよう。自動詞文には「行為者がいない」からこそ、日本人に重宝されるのである。

「ある」日本語と「する」英語

その様子を表1に見られたい。「ドアが閉まります」は極めて日本的な発想の文だということがこれで分かる。似たような文がとても多いのだ。日本語は英語と比べるとはるかに行為文が少ない。多くの日本人の英語が苦手な理由のひとつは、これらの例で一目瞭然の「正反対の発想」が意識的に言語化されないことだ。これ以上まだまだリストを長くすることは容易にできるが、ここでは一〇例のみにとどめておこう(表1)。

表1の例文における英語と日本語の「逆方向の発想」をざっと解説しよう。英語の

（所有）		have money.	お金		ある。
（所有）		have a son.	息子		いる。
（欲求）		want this house.	この家		ほしい。
（欲求）		want to see this.	これ		見たい。
（理解）	I	understand Chinese.	中国語	が	分かる。
（必要）		need time.	時間		要る。
（知覚）		see Mt. Fuji.	富士山		見える。
（知覚）		hear a voice.	声		聞こえる。
（好き）		like this city.	この街		好きだ。
（嫌い）		hate cigarettes.	煙草		大嫌いだ。

表1

例文は、ことごとく他動詞を使った積極的行為文（する文）となっている。いわゆるSVO構文だ。すべての文で「I（私）」は「主語」であり、様々な行為の動作主として表現されている。これに対して日本語の様子はまるで異なっている。まず、大抵の場合、「私」はそもそも登場しない。表現されたとしても、せいぜい「私は／私には」と、主語ではなく主題（トピック）で現れるにすぎない。トピック（topic）の語源はギリシャ語の「topos」で、人ではなく「場所」である。つまり、あの人がある出来事に関わっている、ある人を通じてこれこれのコトが出来《しゅったい》する、ということにすぎない。

　行為文である英語とは正反対に、日本語

で重要な役割を演じるのは格助詞「が」で示される名詞だ。しかし、英語とは対照的に、これらの単語は行為者ではない。それは表1の例文を見ていただければ一目瞭然だろう。二つの言語におけるそれぞれの共通部分が、英語は主語の「I」であり、日本語は格助詞の「が」であるのは興味深い事実だ。「が」が付いた言葉は、英語の方では直接目的語となっていることが多く、そちらはSVO他動詞文が中心だ。だが、日本語ではどれひとつとして他動詞文ではない。つまり積極的な行為者がこちらには存在しない。述語は「ほしい／見たい」のように形容詞文だったり、「好きだ／大嫌いだ」のように名詞文だったり、それ以外では自動詞文となっている。「は／が」が主語を表す助詞である、などという学校文法は大嘘であることがこれで分かるはずだ。

日本語では、英語のように「誰かが（意図的に）どうする」ではなくて、「何かが（自然に）どうなる／どうである」という言い方となるのは、こうした日英語の発想の違いの当然の結果である。「ドアが閉まります」のように、自動詞文なら話し手と聞き手の間に亀裂は生じない。英語における主語、つまり行為者が日本文からは消えてしまうからだ。両言語間の、何という対照的な発想だろうか。まさに「天と地」の違いと言うべきだろう。

日本文学の英訳にみる視点の違い

二つの言葉を比べる時に、翻訳の状況を観察するのは効果的方法である。とりわけ、翻訳者がひとつの同じ状況を、直訳ではなく「わざわざ」原文の構造を意図的に変えて、自分の母語に訳す場合が注目に値する。もちろんこれは訳者の意図的な操作だが、そうする最大の理由は「直訳すると悪文になるから」である。

つまり、現実を言語化する際に二つの言葉の間に認知的な違いが生まれる状況下では、優秀で良心的な翻訳者ほど直訳でなく「意訳する」傾向が強い。当然、その結果として、日本語の文とそれを英仏語に訳した文では受けるイメージがかなり違ってしまう。例えば、日本の小説を日本語で読む人とその英訳（や仏訳）を読む人とでは、両者の想起している状況が大きく異なる可能性が出てくる。しかし、それはむしろここでの考察を進めるためには望むところである。両者を観察することによって、対照言語的にも比較文化的にも興味深い事実が浮かび上がって来るのだ。その顕著な例をこれからご紹介しよう。

二五年ほど前にＮＨＫ教育テレビで「シリーズ日本語」という特集番組をやっていた。その中の一回で講師の池上嘉彦《いけがみよしひこ》が『雪国』（川端康成）冒頭の有名な文を取り上げて解説している。実はこれは日本語文法の考察にしばしば引用される有名な文である。翻訳家として川端作品の多くを手がけているE・サイデンステッカーは、この文を以下のように訳しているが、果たしてこれら二つの文は同じことを言っているだろうか。原文と訳文で同じイメージが想起されるだろうか。二つの文をじっくり味わってみよう。

（1）国境の長いトンネルを抜けると雪国であった。
（2）The train came out of the long tunnel into the snow country.

まず（1）の原文である。この文を読んで我々の頭に浮かぶ情景は何だろう。作者／主人公が汽車に乗っていることは明らかだろう。そして読者もまた、その主人公の行動を同じ目の高さで追体験してはいないだろうか。今、列車はトンネルの暗闇の中を走っており、作者／主人公はその車内に座っている。やがて、窓の外が明るくなる。やっと長いトンネルを抜けるのだ。おや、山のこちら側は真っ白だ。そうか、雪国に入ったんだな、という風に「時間の推移とともに」場面が刻々変化していく。なお、本書では、この「時間の推移」という点が極めて重要なので心に留めておいてい

図1

ただきたい（図1）。

これに対して英文（2）はどうだろう。番組では、数人の英語話者をスタジオに招いて、この文から思い浮かぶ情景を絵に描かせていた。実に興味深いことに、汽車の中からの情景を描いたものは皆無で、全員が上方から見下ろしたアングルでトンネルを描いている。明らかに話者の視点は「汽車の外」にある。トンネルからは列車が頭を出しており、列車内に主人公らしい人物を配した者もいた。トンネルの外には山があり、何人かは雪を降らせている（図2）。

これは実に見事な実験で、思わず膝を打った。原文と訳文の認知的イメージが著しく違うことが実証されたのである。そしてここでの原文は日本語なのだから、英語への翻訳者が意図的にイメージを変えたのであり、その逆ではない。何を変えたのか。何よりも変えられたのは視点である。原作では汽車の中にあった視点が、英訳で

図2

は汽車の外、それも上方へと移動している。本書で「神の視点」と呼ぶのは、この視点のことである。視点はここで「地上から上空へと」移動した。原文はこのまますらすらと読める文であり、さらにあの「夜の底が白くなった」と続くのだから、大向こうから「よっ、ノーベル文字賞！」と声がかかりそうな名調子である。それがそのまま英訳できないとは、どうしたことであろうか。

よく見ると、川端の原文には「主語」がないのである。主語がないと、英語では文が作れない。日本語はちっとも困らないが、英語では大問題だ。このままでは英訳できないので、英訳に原文にはなかった単語が主語となって出現している。それが「汽車（The train）」だ。つまり日本語の方は、「時間の推移」を含んだ「コト（出来事）」を表しているのに、英語では汽車という「モノ」をわざわざ持って来て、そのモノの「トンネルからの現れ」という表現にすりかえているのである。頭の出かかった汽車を上空から一気に見下ろしたのが（2）である。時間と空間を立体的に表現していた原文と比べて、訳文では時間の要素が失われ、文字通り「失速」している。原文の方がずっといいことは言うまでもない。原文でビデオ動画だった情景が訳文ではスナップ写真になってしまっている。

動く視点と不動の視点

この番組を見ていて、アルゼンチン出身の日本語研究家ドメニコ・ラガナ氏のことを思い出した。来日前、日本語をまだ修業中のラガナ氏がどうしても意味が分からなかった文があったという。幸田文の小説『流れる』（一九五六）冒頭の文だ。

このうちに相違ないが、どこからはいっていいか、勝手口がなかった。

この文も『雪国』の冒頭に似ている。ここでもまた、「時間の推移」とともに、主人公が入り口を探しつつ家の周りを行きつ戻りつしているコト（出来事）を表現している文だからだ。この際の、作者と主人公と、そして読者が一様に共有する地上の視点を、本書では「虫の視点」と呼ぶことにしよう。

「神の視点」の方は不動である。言語化されようとしている状況から遠く身を引き離

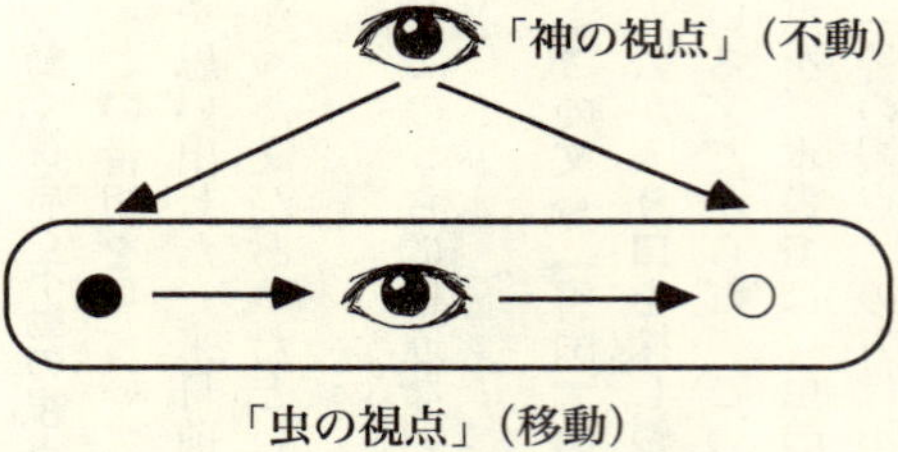

図３

して、上空から見下ろしている。そしてスナップ写真のように、瞬間的に事態を把握する。時間の推移はない。「虫の視点」はその反対で、状況そのものの中にある。コンテキスト（文脈）が豊かに与えられている。そしてこの視点は時間とともに移動する。あたかも虫が地上を進んでいくように。あるいはトンネルを走る列車の乗客や、家の周りを行きつ戻りつしている人のように（図3）。

「このうちに相違ないが、どこからはいっていいか、勝手口がなかった」は、日本人なら実にすんなり分かる文である。一方、この文を理解する取っ掛かりとなるモノ（主語）を探しつつ、この文の人物よろしく文を行きつ戻りつしたのは当のラガナ氏で、結局見つからぬまま頭を抱えてしまったらしい。

してみると、ラガナ氏にとって最大の問題は、我々日本人母語話者には当然と思える「主人公とともに動く」虫の視点を持っていないことなのである。『雪国』冒頭を上空からスケッチした英語話者と同じように、ラガナ氏も不動の「神の視点」からこの文を眺めた。そして、これほど簡単な文の柔構造が把握できなかったのである。

この視点の違いに注目したのは私が初めてではない。何よりも森田良行の『日本人の発想、日本語の表現』がある。示唆に富んだ考察が数多く展開されているので、一読をお勧めしたい。

どうも日本語の発想は、高みから下界を一気に見下ろす鳥類型というよりは、地面を這って進む爬虫類型、蛇のように前へ進みながら進行方向を適宜変えていくことの許される恣意性の高い言語ということができそうである。

この引用箇所にある「高みから下界を一気に見下ろす鳥類型」というのが英語の発想であることは言うまでもない。さらに別の箇所では英語の視点（視座）を、

人間が、地上の「己」を離れ、上空から鳥類的視点で、眼下に見えるAとBとの行為関係を、高みの見物のように傍観的にとらえる立場

と述べているが、これは実に的を射た指摘である。「高みの見物」とは上手い表現だ。「見物」とはまさに「モノを見る」と書く。日本語と英語の発想の違いをこうした視点の違いに求め、さらに文化的側面にまで考察を深めた森田氏の著作に、本書は教えられるところが大きかった。ただし、お気付きのように、本書では森田氏の「鳥の視点・蛇の視点」の代わりに「神の視点・虫の視点」の比喩を使う。その理由をこれから述べよう。

「虫の視点」ゆえの「植物志向」

進んで自然に取り囲まれようとする日本人の美意識はよく指摘されるところだが、我々の視点そのものがすでに自然の中にあるのだから、それは当然である。俳句や和歌をはじめ、花を活ける華道、一碗の茶を供し供される所に一期一会を生きようとする茶道は言うに及ばず、人為を自然に託した（あるいは「見立てた」）作品の多さには驚かされる。

有名な古今集仮名序に「大和うたは、人の心を種として、よろづの言《こと》の葉とぞなりける」とあるのも、和歌は意識的に「作る」のではなく、自然に「出来る」ものであると述べたものである。「出来る」とは文字通りに「出で来る《い　く》」つまり「出て来る」のであって、植物の芽生えや生長の見立てである。俳句の方では、江戸時代の三大俳人と言えば誰でも「芭蕉・蕪村・一茶」と知っている。自分で選んだ俳号にはおそらく自分の理想像を言い含めたろうが、三人とも号に草冠《くさかんむり》を配したのも、よもや「偶然」ではあるまい。明治期の文学者の筆名にも、一葉、紅葉、鏡花、藤村、花袋など、草冠のオンパレードだ。

こうした日本人の「植物志向」と「虫の視点」は深く繋がっている。俳句の歳時記に載せられた季語を数えると、植物と動物では圧倒的に前者の方が多いが、それも虫の視点のせいではないだろうか。虫は動物を恐れるが、植物とは相性がいい。そう言えば日本文学を特徴づける「私小説」も自分を客観視せず状況に取り込まれた視点からの作品だろう。芭蕉・西行から尾崎放哉《おざきほうさい》・種田山頭火《たねださんとうか》に至るまで、漂流した歌人・俳人も日本には数多い。彼らもまた、移り行く自然の中に包まれて杖を曳《ひ》き「虫のごとくに」歩いた。

現代日本でもこの「自然体」をよしとする価値観は、依然として健在である。富や名声、政治的権力の掌握に余念なく、手段を選ばぬようなゴリ押しの野心家はあまり評価されない。それよりはこつこつと人に見えない努力をして実力をつけ「実るほどに頭の垂れる」ごとき人物こそよしとされるわけである。努力の「実った」人こそ

「よく出来た」人と言われる。さらに長老とでもなれば、その第一の人間的魅力は無私無欲で飄々《ひょうひょう》とした「枯れた」ところにこそあるのだろう。西洋人には「枯れている」などと言わない方が無難だ。

森田の前掲書で「鳥の視点・蛇の視点」とあるところを、本書が意図的に「神の視点・虫の視点」としたのは、実はこの所為《せい》なのだ。

まず、鳥は動くが、英語等の話者の視点はむしろ不動である。地上の出来事を上空から見下ろす話者の視線と意識は、全知全能の父なる神のイメージである。また、印象として蛇は素早く動けるし、攻撃性を帯びる。虫はゆったりと動き、周りの環境に対してより受身であるところにも注目したい。

日本人の、権威に対して従順な性格をよく「お上《かみ》意識」と言うが、これまた自分が「虫の視点」にいるためである。現代の日本人にも「お上意識」は濃厚に残っており、国家としての日本にも「お上」は存在する。それがアメリカであることはいかにも追従型の外交を見ていると誰の目にも明らかだろうが、こうした社会的優位に立つ相手に対する敬意／畏《おそ》れには、毒を持ち攻撃性を備えた「蛇」よりも、身を守ることに忙しく、キョロキョロと「上目がちに」視線を様々な方向に走らせる「虫」の方が比喩としてはぴったりなのではないだろうか。考えてみれば情けない話だが、少なくとも言葉としては日本語はそうなっていて、しかもちゃんと機能していることを忘れてはならない。

虫の視点から何が見えるか、聞こえるか

日本語や朝鮮語にオノマトペア（擬態語／擬音語）が際立って多い事実も「虫の視点」から理解される。日本語の世界は、巨匠小津安二郎《おづやすじろう》の世界でもある。あの独特の低いカメラ・アングルとゆったりとしたリズムは、虫の視点そのものではないか。小津が「最も日本的な映画監督」という国際的評価を受けたのも何ら不思議ではない。

虫の視点であればこそ、耳をすませば、いやすまさなくとも、様々な自然と生活の色、音、匂いが豊かに迫って来る。日本人や韓国人はそれをオノマトペア（擬態語／擬音語）で生き生きと、ありありと表現するのだ。皮膚感覚も、神の視点ではとても得られない細やかさだ。森田は「原始的とも言える現実把握の姿勢」として「ぬるぬる、ざらざら、べとべと、つるつる、ねっとり」などを挙げている。こうしたロウ・アングルでの観察や写生なくして、俳句や和歌の感受性はとても育まれなかったろう。

加賀野井秀一《かがのいしゅういち》は『日本語は進化する』において日本語を「身体感覚的な言語」と捉

え、二葉亭四迷の『浮雲』の次の一節を引いている。

傍の坐舗《ざしき》の障子がスラリ開いて、年頃十八九の婦人の首、チヨンボリとした摘ツ鼻《つまみぱな》と、日の丸の紋を染抜いたムツクリとした頰とで、その持主の身分が知れるといふ奴が、ヌツト出る。

こうしたオノマトペアによる生き生きとした情景を、上空の神の視点の高みから喚起するには困難が伴うであろう。英語でも、例えばgl-を持った動詞glance, glare, gleam, glimmer, glimpse, glisten, glitter, glintなどはことごとく「光」と関係があることがよく指摘される。これらの語彙にもオノマトペア的性格が感じられることは確かだが、ご覧のようにすでに動詞の一部に含まれてしまっており、日本語のような、生き生きとした形をすでに失っている。例えば、オノマトペアの「ピカッ/ピカピカ」からおそらく動詞「光る」ができたのだろうが、gl-動詞はこれと似ている。「光る」はもはやオノマトペアとは言えない。

日本語ではむしろ逆の方向で「伸びる」から「のびのび」、「熱い」から「あつあつ」、「晴れる」から「はればれ」など、現在でもオノマトペアが作られるし、その生産性は高い。

他にも、オノマトペアと動詞の関係は密接だ。一体どちらが先なのか議論の余地は残るが、いくつか挙げてみよう。「ころがる／ころころ・ごろごろ」、「へこむ／ぺこぺこ」、「ねばる／ねばねば」、「震える／ぶるぶる」、「騒ぐ／ざわざわ」、「急ぐ／いそいそ」、「そよぐ／そよそよ」、「揺れる／ゆらゆら」など、枚挙に遑《いとま》がない。阿久津智《あくつさとる》の『絵でわかるぎおんご・ぎたいご』にはそうした例がたくさん載っているので、日本語教室で重宝している。

言うまでもないが、二元論的な「白黒」は虫の視点からは見えない。虹のスペクトルと同じで、現実はすべて連続体なのである。幽《かす》かな色や音の違いは「神の視点」からは到底感知できるものではない。第二章で取り上げるが、トランプ大統領が不法移民を侵略者（インベーダー）と呼んで国境に壁を作ると公約して喝采を浴びるアメリカと、高齢者まで原色で派手な服装をするアメリカとは「神の視点」からの発想が同じものだ。日本人の中間色好みや、いわゆる日本の「間《ま》」の文化論も、おそらく話者の視点に関係しているのだろう。もちろん、あくまでも全体としての傾向であって、個人差を言い出したらキリがないが。

今西錦司《いまにしきんじ》は三上章と旧制三高で同期だったが、三上がいなかったら僕の進化論はなかったとまで言明している。その今西の「棲《す》み分け」進化論も結局は連続体の理論だし、谷崎潤一郎の『陰翳礼讃』も、二元論に流れやすい「神の視点」からは出て来ない発想と言わなくてはいけない。次に取り上げる西田幾多郎《にしだきたろう》は日本を代表する哲学者だが、西田哲学もまたデカルト的な二元論への反論として構築されたものである。

三上章と西田幾多郎

桑原武夫《くわばらたけお》が、三高で自分の一級先輩であった三上章の文法を、日本語の言語意識や発想に即した「土着主義」と評したことは有名だ（『展望』一九七二年一月号）が、哲学者として、三上と同様に日本人の感性を色濃く打ち出したのは西田幾多郎その人である。

言語学と哲学の違いこそあれ、二人は西洋的論理とは異質な日本（あるいは東洋）的思惟《しい》を主張したという点で共通している。私は三上章の書いた文章を読んでいて、しばしば西田のことを考えた。「土着」とは文字通り「虫の視点」であろう。

西洋哲学の安直な移入に異を唱えた西田幾多郎の出発点は長年にわたる坐禅の実践にあるが、それに加えて、特に晩年は日本語の観察にあったと思う。坐禅も母語の内省も、すべて机上の空論ではない、文字通り「足が地に着いた」思惟である。小坂国《こさかくに》継《つ》ぐは『西田幾多郎の思想』で「日本人が真の意味で自前の哲学を持ったのは西田幾多郎の『善の研究』をもって嚆矢とする」と述べているが、私は日本語文法においては三上章の『現代語法序説』がそうであったと思う。大槻文彦《おおつきふみひこ》や橋本進吉《はしもとしんきち》は言うに及ばず、時枝誠記《ときえだもとき》や山田孝雄《やまだよしお》でさえも、真に「自前の」日本語文法とは言えない。にもかかわらず、西田幾多郎と比べて三上章の評価がいまだに充分と言えないことは、返す返すも残念である。

三上と西田の共通点は多い。ここでは三つ挙げてみよう。まず、主著となる著作の構想を得たのが大学ではなく高等学校で教えていた時期だ、という点が興味深い。大学／学界という「象牙の塔」での考察ではなかった。しかも、当時二人が主として教えていたものは主著の分野とは別のものであった。西田の『善の研究』（一九一一）の草稿は金沢の第四高等学校に遡るが、そこで教えていたのはむしろドイツ語である。三上章の『現代語法序説』は今から七五年以上前の一九五三年の発刊だが、この時五〇歳の三上は大阪の山本高等学校で数学（一時は音楽）の教師だった。この事実は、研究対象とある程度距離をおくことの大切さを示唆しているのかも知れない。

次の共通点はさらに重要だ。それは両者の学問に対する姿勢である。他の学者の研究や著書に多く見られる、西洋的なものと東洋的なものの安易な折衷や妥協を二人は断じて避けた。そうではなく、西洋的なものを知悉《ちしつ》した上で、あえて対決を厭《いと》わなかった。桑原の言う「土着主義」とは、その「東洋さらに日本の、あらゆるものを西洋の基準ではかり、それに合わぬものを低級視する西洋崇拝思想に反撥して、世界の場で日本を日本として認めようとする」姿勢のことである。

西田哲学の基本的な性格は、二元論の排除である。二元論はデカルトやカントに代表される「我（主観）と世界（客観）」の区別、つまり「世界を客観的に考察できる主体」が前提となっている。西田はこれに一生をかけて反対した。『善の研究』で展開した純粋経験とは主客未分（後には主客合一）なものであり、それは西田が坐禅の実践の中で直接に経験したものである。「われわれは世界の中で生まれ、世界の中で働き、世界の中で死に行く」と言う西田は、「虫の視点」に身をおいている。そして西洋哲学のように人為的・抽象的に「世界の外から世界を見る」ことに反対したが、これが「神の視点」に対する批判であることは言うまでもない。

西田の「場所的論理」と宗教観

三上文法との関係で西田哲学が特に興味深く思われるのは、最晩年の「場所的論理・述語的論理」である。死の二ヵ月前に書かれた最後の論文『場所的論理と宗教的世界観』（一九四五）では、アリストテレスに遡って、西洋的思惟が自然に対して人間を優位においてきたと主張している。これがまさに本書のテーマに他ならない。大久保喬樹《おおくぼたかき》の『日本文化論の系譜』の表現を借りれば、西田は「アリストテレス以来の西洋哲学の基本的思考枠組みを百八十度逆転させる発想を日本語の特質と関連させながら打ち立て」ようとし、それに成功したのである。

最晩年の西田哲学は、言語哲学の様相を呈するに至り、具体的には「主語と述語の包摂関係」をめぐる考察となった。そこでは主語が述語に属するのか、それとも逆に述語が主語に属するのだろうか。

アリストテレスは基体（個物）を「主語になるが述語にはならないもの」と考えた。「AはBである」という文において、Aは特殊なもの（例えば「ソクラテス」）、Bは一般的なもの（例えば「人間」）だが、この時、Aであるソクラテスは「主体」であり、主体は意識の基点であって全体を統轄する。ゆえにB（一般）はA（特殊）に内属する、というのがアリストテレス以来の西洋哲学である。言い換えれば、アリストテレスの基体の哲学とは「主語（中心）の論理」なのである、と西田は言う。

死期の迫った七四歳の西田は、最後の力を振り絞ってこの西洋的論理に対峙する。主体は、どこかにおかれているのであって、その場所なくしては主体は存在しないではないか。我々は外部観察者ではありえない。アリストテレスの主張とは逆に、主体（主語）は場所（述語）に包摂されて存在するのだ、と。これが西田の「場所的論理」と呼ばれるものの要点だ。さらに西田は日本語の文章構造を援用する。日本語では、明らかに主語よりも述語に比重がおかれている、と指摘して西洋の「主語の論理」に対する「述語の論理」を主張した。

この主張は、西田の死後八年目に三上が提唱した、英語などには主語が必要で「主述二本建て」だが、日本語は「述語の一本建て」（『現代語法序説』）だ、というテーゼと見事に呼応している。言うならば、西田は日本人としての立場から西洋哲学の「主語中心の論理」を批判し、三上はその主語を日本語文法において「廃止」しようと主張したのだった。

三上と西田の三番目の共通点は「思想の一貫性」である。三上は晩年「三〇年間考えが進歩していないのにわれながら驚く」と言ったそうだが（山口光『書評：現代語法序説』）、西田の処女作『善の研究』も時代を超えてその価値を失っていない。四〇年に及ぶ思索と発展はその契機がすべて『善の研究』に盛り込まれていると言ってよい。遺作となった『場所的論理と宗教的世界観』では、上で述べた「場所的論理」と並んで、題の通りに宗教の問題が大きく扱われているが、処女作『善の研究』最後の

第四篇はすでに「宗教」だったのである。あたかも遺作のテーマがすでに予定されており、四〇年後にそこに戻ってきたかの感がある。

西田は坐禅という経験から自己の哲学体系の核を得た。次に引用する最後の論文の一節は、その宗教的出発点への帰還であろう。そして、西洋と東洋を問わず、広い意味での宗教が人間にとっての「善」に至る道であることを訴えているような気がする。西田の一生はまさに「善の研究」だったのだ。死の二ヵ月前に至って、西田は超人的な意志の力で日本を超え、世界に向けて連帯のメッセージを贈った。負けると分かっている戦争が終わる四ヵ月前に、敗戦国日本から戦勝を約束された世界に向けて微笑み、生涯最後の論文にこう記したのである。

人間が何処までも非宗教的に、人間的立場に徹すること、文化的方向に行くことは、世界が世界自身を否定することであり、人間が人間自身を失ふことである。これが文芸復興以来、ヨーロッパ文化の方向であつたのである。西洋文化の没落など唱へられるに至つた所以である。世界が自己自身を喪失し、人間が神を忘れた時、人間は何処までも個人的に、私欲的となる。その結果、世界は遊戯的か闘争的かとなる。すべてが乱世的となる。文化的方向は、その極限に於て、真の文化を失ふに至るのである。

この言葉を視点論で解釈すれば、宗教心を失うということは、人間が神の座を奪い、そこに居座るということである。宗教心を持つということは、「虫の視点」を忘れず「畏れ」を知っているということだ。新約聖書ロマ書一一―二〇の「Noli altum sapere, sed time.（高ぶりたる思いを持たず、反って畏れよ）」も思い出される。今や「神の視点」を神から奪った人間とその「文明」は、西田の死後半世紀を経て「遊戯的か闘争的か」ではなく、むしろ「遊戯的かつ闘争的」である。西田の警告は今や現実となった。その最も顕著な例を我々は第二章「アメリカよ、どこへ行く」で観察することにしよう。

西田が亡くなって四ヵ月後に日本はポツダム宣言を受諾し、長すぎた戦争が終わった。終戦前後には西田の二人の弟子、三木清と戸坂潤が獄死。現行学校文法の基礎を作った橋本進吉も栄養失調でこの年に亡くなっている。西田は八人（男二人女六人）の子供を得たが、すでに八名のうち五名に先立たれていた。糟糠《そうこう》の妻も長く患った末に早く亡くした。好んで和歌を詠んだ西田には「子は右に母は左に床をなべ春はくれども起《た》つ様もなし」という悲痛な歌がある。このような長年の艱難辛苦を、西田は衰えを知らぬ生命力をもって生き延び、真に日本的発想に立脚した体系的哲学を打ち立てた。その功績は計り知れない。西田が礎をおいた京都学派は、夫婦愛を謳《うた》った和辻《わつじ》哲郎《てつろう》、日本的美意識を「粋《いき》」という概念で説明した九鬼周造《くきしゅうぞう》をはじめとする個性的な哲学者を輩出し、大正から昭和初期の言論界に大きな影響を与えた。

終戦の年の一一月に西田の次男外彦氏が父の思い出を書き、それが岩波書店の全集（第一二巻）に載っている。父の次の一言が忘れられないそうだ。「お前も下に沢山人を使ふ様だが、自分の処へ来る人々の本当の特徴を充分生かして発展させるやうに努めなくてはならぬ」。

多くの弟子を育て哲学における京都学派の祖となった西田の、三上章と共通の「土着主義」の一端が「本当の特徴を充分生かして発展させる」という表現に窺《うかが》えないだろうか。

汎神論のための宗教学

宗教と言えば、宗教学という分野も西洋的一神教が土台となっていることを三浦正《みうらまさ》弘《ひろ》氏が見事に指摘している。『主語はいらない』を読んで送って下さった『汎神論のための宗教学』で、パレスチナなどの宗教戦争が結局は一神教同士、つまり排他的な

「絶対」と「絶対」の泥沼で、これには結局出口がないと述べておられるが、まさに同感である。本書の第二章最後に出て来る「普遍文法」は現代英語を土台にした文法だが、これも一神教と同じ絶対志向の考えである。我々は日本語文法を盾として、これに反対していかねばならない。三浦氏の次の言葉は三上章の文法理論とも、本書の主張とも、また先ほど引用した西田の「遺言」とも同じ、「土着主義」という虫の視点から発せられたものである。

絶対を旗印に戦争をしかけ、汎神論に立つ宗教を弾圧することは果たして文化的・開明的・進歩的で、科学的に許されることなのだろうか。汎神論の世界に住む者にとっては何とも迷惑で手前勝手な論理に困ってしまう。(中略)これに対抗するためにはやはり汎神論を主体とした学問を打ち立てねばならない。日本人は日本人の身体にあった学問をするのがやはり理にかなっているし、世界平和のためにも有益だろう。これこそ日本人が世界から尊敬をかち得る近道だと思う。

ちなみに三浦氏は姫路市の高校の国語の先生で、神主さんでもある。こうした人に拙著を読んでいただけることは本当に嬉しい。まさに同志を得た思いがする。やはり高校で教えている時に世界に通用する理論を打ち立てた三上や西田と同じように、三浦氏にはぜひ汎神論を土台にした宗教理論の体系を樹立していただきたいと願ってやまない。三浦氏の嘆く「横文字を縦に翻訳することが学者の仕事と心得ている日本の学者」には、それはおそらくできない仕事であろう。自然科学以外なら、どんな分野でもそれは同じことだ。

人生は「終わりのない道」？

カナダの日本語教室では好んで日本語の歌を教えるが、ある時「虫の視点」が問題となった面白い経験がある。それをご紹介したい。歌は故美空ひばりが絶唱した「川の流れのように」である。ご存知の方も多かろうが、二番の歌詞は「生きることは旅すること　終わりのないこの道」で始まる。日本語話者なら、すんなり聞いてしまうところだが、英語や仏語話者の学生はここで首を傾《かし》げるようである。こういう質問が来た。

「生きることは旅すること」は分かります。英仏語にもある比喩です。でもその次の「終わりのないこの道」はどうしてですか。死ぬ時に人生の旅は終わるのだから、この道も死ぬ時に終わるんじゃないですか？

さあ、どう答えたらいいだろうか。こんな時にも「虫の視点」が説明に役立つのである。本章「時制とアスペクト」でも扱うが、「神の視点」からは起点から終点までが一気に、そしてはっきりと見下ろせる。それ故に、現在を中心に過去と未来を持つ客観的な時制（テンス）が把握される。一方、視点が虫レベルで「状況に含まれてしまう」と、早い話が「よく見えるのは現在だけ」なのだ。そして、現在から状況がどう見えるか（例えば、雨がまだ降っているのか〈未完了〉、あるいは、もう降り終わって道が濡れているのか〈完了〉）、を捉えたもの、これがアスペクトである。日本語の話者は「虫の視点」からアスペクト中心の表現をする。

学校文法で「話した／読んだ」など「た／だ」を含む言葉を「過去形」と教えるのも、実は英文法の真似であって、日本語では本当は「過去」ではない。例えば「読んだ」の時代を遡ってみようか。「読んだ↑読みたり↑読みてあり」と変わったもので、元々の「読みてあり」は「(何かが) 読んだという状態で (そこに) ある」という意味の、「現在」の存在文であって、過去文ではない。

話を美空ひばりの歌に戻すと、歩いている（＝生きている）人間には、道が果てしなく続いているように見える。これが「終わりのないこの道」という表現になったのだ。この発想は、徳川家康が言ったとされる「人生は重い荷物を背負って遠い道を行くが如し」と同じものである。また、西田幾多郎の弟子の一人である下村《しもむら》寅太郎《とらたろう》の『西田幾多郎――人と思想』によれば、西田は自分を一人の坑夫にたとえていたそうだ。『善の研究』の着想を得たのが三〇代、遺作となった『場所的論理と宗教的世界観』が七四歳であるから、実に四〇年間の思索であった。まさに坑道を一歩一歩掘り進んで行く思いだったのだろう。

人生だけではない。スポーツや文化でも日本人は習い事を「道」と捉えることは、柔道、剣道、合気道、武道、華道、茶道、香道、書道などという多くの言葉に明らかである。また、その道を研鑽する場所であるから「道場」という。時間をかけてこつこつと技を磨いていくのだ。習い事が修身のイメージと重なるのも、その過程でのゆっくりとした成長のためだ。「フランス語一週間」といったようなお手軽な「速習」では道と言えない。英語をマスターすることを「英語道」と名付けた本まで見たことがある。

面白いのは、これらの「道」には文字通り「終わりがない」と思われていることである。八〇歳を超えた「その道の達人」が「まだまだ未熟者でございます」などと言うのを聞いて、カナダの学生は仰天する。「その道の達人」とは字面上は「(ゴールに)達した人」と書くが、本人の認識では「終わりのない道」なのだろう。まさに「虫の視点」からのアスペクト表現だ。つい先だっても、紫綬褒章をうけた女優の十朱幸代さんが記者会見で「私のような若輩がいただけるなんて思いがけず驚いています」と述べていたが、十朱さん、そう若輩とも思えない六〇歳であった。

モントリオール在住の辻俊彦《つじとしひこ》氏が刊行された『カナダが教えてくれたニッポン』に面白い指摘がある。長年日立製作所のエンジニアとしてカナダとアメリカの工場に勤務された経験から、日本とカナダを比較した著作である。ちょっと引用してみよう。

工場である製品を千個作って不良品が三個でたとする。日本人なら不良が三個もあるといって渋い顔をして、直ちに不良を減らす工夫をするための会議を開く。カナダ人なら九九七個もいいものが出来たといって、ウハウハ喜んでまずいっぱい飲みに出かけるだろう。

(中略)カナダに限らず欧米人の物作りは、この種の製品なら不良率はこれ以下でならなければならないという目標をたてる。

最初はいろいろ不都合が起こって当然不良率は高い。問題点を次々とつぶしていって不良率目標を達成するとひとまずそれで終わり。一方日本人は不良率が一%を達成すると、では次に〇・一%を目指し、その次は〇・〇一%に挑戦する。果てしなく続くのである。

いかがだろう。こうした努力は、読者の皆さんにもお心当たりがあるのではないだろうか。日本人は趣味も仕事も「終わりのない道」をやっているのである。しかし辻氏も指摘するように、これは日本人の長所だ。この国民性が商品の品質を高め、付加価値と国際競争力をつけているのだから。「こつこつと」「一歩一歩」「地道に」などはそうした勤労意欲を良しとする語彙であるが、その視点が「仕事の虫」のそれであることは言うまでもない。

マーク・ピーターセンの『続・日本人の英語』によれば最近「kaizen」がとうとう外来語として英語に認知されたらしい。これはご承知のように日本語の「改善」で、本来はトヨタ生産方式を土台とした生産性向上のための方法論である。海外、特に北米の企業に生産性コンサルタントとして日本人が多数赴いている。この内容は文字通り「無駄の真の原因を限りなくゼロに近付ける」ことにある。これまた、果てしなく続く道だ。

虫の語彙

先ほど「仕事の虫」という言葉が出たが、日本語には人間を虫にたとえる「虫の語彙」がとても多く、とても蛇の比ではない。思い付くまま挙げてみよう。人を虫そのものにたとえた表現もあるが、さらに多いのは「体内にあって、人間の心的状態を左右すると考えられるもの」の方だ。こちらはヒトと虫が仲良く共生しているといった図である。それぞれをまとめて二グループにしてみよう。

（A）人を虫にたとえたもの。
（箱入り娘に）虫がつく・本の虫・泣き虫・弱虫・仕事の虫・お邪魔虫

（B）体内にあって、人間の心的状態を左右すると考えられるもの。
腹の虫がおさまらない・虫が起こる・虫の知らせ・虫が好かない・虫の居所が悪い・虫がいい・虫を殺す

これだけ日常的に虫と共生している日本人が、「虫の視点」で話すのはいかにも当然ではないだろうか。

閑話休題。日本語文法に話を戻そう。「虫の視点」を援用すれば、名詞修飾節、人称代名詞、尊敬表現、「やりもらい」、そして時制とアスペクトという重要項目がことごとく説得力を持って説明できる。以下、この順でその様子を眺めることにしよう。

名詞修飾節という肩凝り

日本語には、ある出来事をコトとしてその全体を表現する傾向がある。例えば、浦島太郎の話で「亀が子供たちにいじめられているのを助けました」などという簡単な文を、カナダの学生は「難しい」と言う。この文では、助けたのは亀（モノ）ではなく「亀がいじめられているコト（トコロ／状況／場面）」であるからだ。そういう文は英仏語では理解しにくいのである。試みにコトの中からモノ（亀）を引き出してきて「浦島太郎は、子供たちにいじめられている亀を助けました」という文に変えてやると、一同「これで分かった」という顔をするのは面白い。

「子供たちにいじめられている亀」という名詞修飾節は、要するに英仏語であれば「関係代名詞」が使われる構文である。こういった種類の、名詞修飾節の「節（せつ）」は、むしろここでは「節（ふし）」と呼んだ方がいいと思うほど日本語話者には

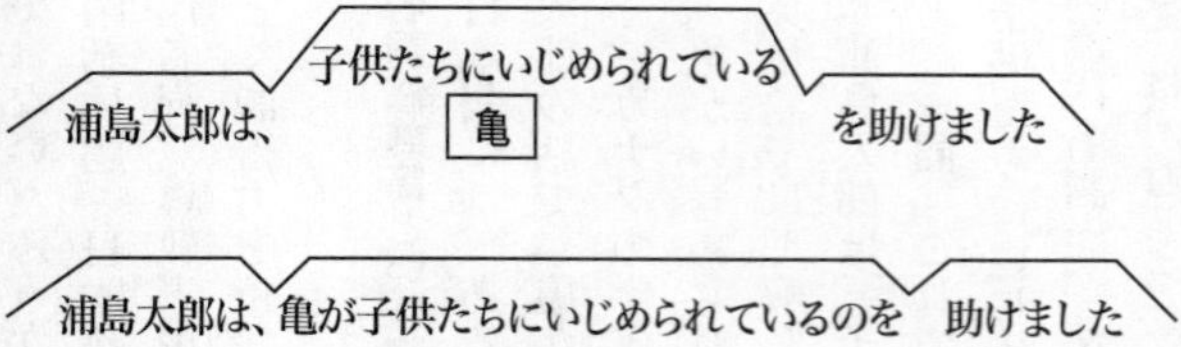
子供たちにいじめられている
浦島太郎は、
亀
を助けました
浦島太郎は、亀が子供たちにいじめられているのを　助けました

図４

耳障りだが、カナダ人学生は、母語でこうした構文に慣れている。それで理解しやすいのである。日本語でも「昨日食べたリンゴ」などの短い名詞修飾なら問題ないが、長ければ長いほど敬遠される。英語の that/which/who などに当たる「関係代名詞」が日本語に発達しなかったのもそのためだろう。

日本語では「昨日ここで食べたリンゴは美味しくなかった」と言うよりは、「昨日ここでリンゴを食べたけど、美味しくなかった」の方がずっと言いやすく、また聞く方も分かりやすい。「昨日ここで食べたリンゴ」という名詞修飾節の瘤《こぶ》を動詞文で言い換えて、いわば言葉の上で「凝《こ》った肩を揉《も》みほぐして」いるからだ。こうすれば膨らんだ瘤が取れて平ら（＝平易）になる。上の二つを見比べてほしい（図４）。

「発見の旅」――コトのモノ化

さて、名詞修飾節も「神の視点／虫の視点」から考えると理解しやすい。言語化される状況、そのものの中に視点があって、出来事とともにその視点が（時間の軸に沿って）動くのであれば、コトはコトとして難なく理解される。読者はまず「亀が子供たちにいじめられているのを」まで読んで「おお、そうか、それでどうしたんだ」と余裕を持って文について行くだけでいい。話者と同じ目の高さで追体験するわけだ。そして「助けました」という展開を見いだせばいい。だから、これは「国境の長いトンネルを抜けると……」の場合と同じだ。

日本語の理解は、つまり地上を這って進む虫の「発見の旅」なのだ。日本語の発想は、「探索的」かつ「発見的」なものである、とは加賀野井秀一も『日本語は進化する』で指摘しているところである。

虫はできるだけ前へ、前へ、と進もうとする。道は平坦な方が歩きやすい。虫はもともと視線が低いので、名詞修飾節のような瘤は高い山になってしまって苦手だ。理解のために同じ道を行きつ戻りつしなければいけない。それよりは、コトの出来《しゅったい》した順に、時間軸に沿って進んでいく方を好むのである。

これに対して、英語の場合は、コト（状況）から身を引き離してしまっている。神の視点は、高い山も上から一気に見下ろせてとにかく見晴しがいい。名詞修飾節もその中のモノである「亀」さえ捉えたら安心する。長い名詞修飾節も「モノの飾り」にすぎないから、瘤とさえ思わないのである。しかし、その視点からは、もはや時間の軸に沿ったリアルタイムでのコト（状況）理解は難しくなっている。

英語で重要なのは、モノとモノの間の文法関係、とりわけ他動詞文における主客の区別である。二つのモノが動詞を挟むＳＶＯ構文こそは「する言語」英語が最も得意とする文型なのだ。

モノとコトの違いを極めて的確に表現しているのは『岩波古語辞典』である。「もの」を引いてみよう。

> コトが時間の経過とともに進行する行為をいうのが原義であるに対して、モノは推移変動の観念を含まない。（中略）人間をモノと表現するのは、対象となる人間をヒト（人）以下の一つの物体として蔑視した場合から始まっている。（傍線は金谷）

コトとモノの問題に関しては、岩谷宏《いわたにひろし》の『にっぽん再鎖国論――ぼくらに英語はわからない』が白眉だ。森田良行の前掲書『日本人の発想、日本語の表現』と並んで、本書を書くに当たり大きなヒントを与えてくれた本である。『にっぽん再鎖国論』は、読者の皆さんにぜひ一読をお勧めしたい本だが、今では絶版となっているのが残念である。どこかの出版社が復刻版を出してくれないものだろうか。

コトとモノの問題には第二章で再び戻って来るが、ここでは日本文を英訳する場合に話を戻そう。英訳者のとる常套手段は、明確な輪郭を持ったモノ（やヒト）をコト（状況）から何としても取り出し、その間に行為者（主語）とその対象（目的語）という関係を作り出すことである。我が身を状況から引き離して見下ろす際に、時間は失われ、コトはモノ化する。その上で、英語など多くの西洋語は、主語―述語というギリシャ論理学以来の形式的論理を援用する。英語に（主語―他動詞―目的語という語順の）SVO構文が多いのは、実はそのためである。主語が日本語の原文にない場合には、あえて状況を再解釈しなおして主語を作り出すことさえするが、先に見た『雪国』の英訳はまさにそうした実例である。浦島太郎の場合には名詞修飾という方法で目的語（亀）に輪郭を持たせて瘤を作ったが、やはり同様の「再解釈」である。

そう言えば、『荘子』（逍遥遊篇《しょうようゆう》）には、九万里の上空へ舞い上がって「神の視点」を得た大鵬の話が出て来る。浦島太郎は亀の背中に跨がって海底の竜宮城へ行った。「時間」とのメタファーでこの話を考えると興味深い。大鵬とは天地が逆方向だが、やはり現実から身を引き離し、浜辺での両親との毎日の暮らし、つまり「時間」を異界で忘れてしまったのである。浦島太郎における海底は、地上（現実）を軸として「神の視点」と鏡像関係にあると考えていいだろう。

アメリカ独立宣言の翻訳

法律や憲法の条文などは基本的に読むためのものであるから名詞修飾の瘤が多用される。「自然法と、自然を創った神の法が、彼らに当然の権利として認める、分離した平等の地位」は、アメリカ独立宣言の冒頭の一節を日本語に直訳したものだが、この肩は相当凝っている。とても一回では頭に入らない。これも「自然および自然を創った神の法に従い、当然の権利として独立し、世界の国々と平等になる（こと）」などと、動詞を使っていくつかの文に分けると肩凝りが揉みほぐされ、ずっと理解しやすくなる。日本語では虫の視点で発見の旅をすればいい。そう言えば一回読んだだけでは分からないような文を「凝った文」と言うが、まさしくぴったりの表現ではないか。

アメリカ独立宣言の例は安西徹雄《あんざいてつお》の『英語の発想』からの引用である。「関係代名詞」に関する興味深い考察が展開されている本だ。少しご紹介してみよう。なお、著者の安西はシェークスピアが専門の英文学者で、多くの翻訳を手がけ、いわば英語と日本語の接点にいる人物である。この本の第二章は「〈もの〉と見るか、〈こと〉と取るか」と題され、その第一節が「名詞中心と動詞中心」である。あくまでも比較の上での傾向であると断りつつ、著者は日本語は動詞中心、英語は名詞中心の性格が強いと主張する。名詞中心型の好例が関係代名詞を使った構文で、これはある状況（コト）から実体（モノ）を取り出す手法だ、一方、日本語は状況をそのまま時間の推移とともに言語化していく。

多くの例が挙がっているが、その中からひとつだけご紹介しよう。谷崎潤一郎の『少将滋幹の母』とその英訳である。次の二つの文を見比べてほしい。

（3）そこらに虫の音が聞こえていたので、季節が秋であったことは確かである。
（4）Shigemoto could remember a humming of insects that suggested the autumn.

まず、英語ではShigemotoという主語が、やはりここでも新たに加えられていることに注目しよう。先ほど見た「国境の長いトンネルを抜けると雪国であった」の訳文「The train came out of the long tunnel into the snow country.」で、原文にはないthe trainが主語として加えられたのと同工異曲だ。

次に、「そこらに虫の音が聞こえていた」は状況（コト）を文のまま丸ごとすくい取る捉え方をしているが、英語では、そのコトをa humming of insectsという名詞句に集約している。つまり「そこらに虫の音が聞こえていた」という時間の推移を伴った状況を描写する文が、(冠詞/a/まで付いた)「虫のすだき」という名詞に凝縮されてしまっている。文の後半も同様だ。「季節が秋であったこと」という文字通りのコトは、あっさりthe autumnという名詞で言い換えられている。これら二つの文が関係代名詞thatを介して「a humming of insects」に結び付けられるわけだ。

こうして見ると、『雪国』の冒頭がそうであったように、谷崎の文もまたまったく別の発想と文法で英語に言語化された、と言っていいだろう。英文の方を逆に日本語に直訳すると「滋幹は秋を告げる虫のすだきを思い出すことができた」だが、これでは原文の醸し出す臨場感はもはや感じられない。読者は少将滋幹と同じ目の高さが持てず、状況から引き離された地平から「まるで他人事のように」高みの見物をしている。名詞修飾節の「秋を告げる虫のすだき」は短いが、やはり多少ひっかかる「肩凝り」だ。おまけに、原文での畳みかけるような「聞こえていた／秋であった／確かである」を通じて感じられる時間の推移（無常観）も、他動詞「remember/suggested」で二重に構成された英文からは消え失せている。こちらは、またしても英語の典型的なＳＶＯ構文、新たに主語として登場した「滋幹（Shigemoto）」の行為文だからだ。日本語の原文は名詞文で、行為文からは程遠い。

「Traduttore, traditore.」という有名なイタリア語の諺《ことわざ》がある。「翻訳することは原作者を裏切ること」という意味だが、その通り、翻訳は名訳であればあるほど創作に近くなる。それにしても、英仏語に訳される日本文学作品が原作とこれほど雰囲気が違ってしまうのは、やはり言葉の基本的発想の違いがもたらす限界と言わねばならない。そしてその発想の違いは、何よりも彼我の視点（視座）の「天地の差」がもたらす結果なのである。

なぜ動作主が消えるのか

表１（二九頁）の中から「富士山が見える」と英語の「I see Mt. Fuji.」を取り出して比較してみよう。なぜ、日本語では「私は」を言わなくてもいいのだろうか。その答えは、やはり「視点」にあるのだ。「I see Mt. Fuji.」においては、行為者としての「私（I）」を、「神の視点」から、まるで第三者のように見下ろしているもう一人の話者がいるのである（図５）。

かくして、私が主語、他動詞を挟んで富士山が直接目的語、というＳＶＯ構文とな

図5

図6

る。一方、日本文の方には「外部から私を見ているもう一人の私」などはいない。富士山の前にいる私は虫と同じ位置、つまり状況の中に含まれてしまっているのだ（図6）。

そこで発せられる文であるから、早い話が「自分が見えない」のである。パリで唯一エッフェル塔が見えない場所、それがエッフェル塔の中であるのと同じことだ。自分が見えなければ、文は「自分の行為」を表し得ない。だから文の中心は「富士山」となる。英語の「I see Mt. Fuji.」の視線は行為者である「私（I）」から富士山へと向かう。ところが「富士山が見える」では逆である。富士山の姿が「虫の視点」を襲うのだ。かくて文は、富士山の「見える」という性質を表現する状態文となる。こうした状況は表1の他の文でも同様であることは言うまでもない（「富士山が見える」を英語にあえて直訳するなら、むしろ「Mt. Fuji is visible.」であろう）。

「私」が消える別の端的な例が「ここは、どこですか？」であろう。英語ではこれを「Where is here?」ではなく「Where am I?」と言うことを知った時のショックは今でも忘れることができない。確かあの大ベストセラー『英語に強くなる本』（岩田一男）ではなかったかと思うが、それなら一九六〇年代初頭だろうか。その時は驚いただけで、「なぜ言い方がこんなに違うのか」と首を傾げたものだ。これも視点論でちゃんと説明できる。

英語の場合は、「I」が当人である話者にまるで他人事のように見えるから「Where am I?」でいいが、自分が見えない日本語ではそういう発想とならない。一方、二、三人称なら日本語でも「どこにいますか？」が言えるのは、「一人称」と「二、三人称」の間に亀裂があるからである。そしてその亀裂は「虫の視点」でなくては説明できない。英語のような「神の視点」からは、「I」を含めてすべての人称が横並びするから、「Where am I?」「Where are you?」「Where are they?」などと一括扱いでいいわけである。「I」を特別に扱う必要がないのだ。

なぜ英語で人称論が成立するか

そもそも、人称を前提とした議論が果たして日本語で成立するだろうか。私には、大いに疑問に思われる。人称代名詞という品詞は日本語に不要であり、むしろ「人称名詞」と言うべきであることは、すでに『主語はいらない』で指摘した。少なくとも英語等の人称と日本語のそれとは同じレベルのものではない。英語においては、「私」自身を「神の視点」から眺めるもう一人の私がいる。その、状況から引き離された高みから「I/You/He/She/They」など、すべての人称が見下ろされるのである。この客観性が、動詞活用とも深く関わる人称を議論する上での前提条件である。かくして「酒が飲みたい」を意味する「to want to drink sake」の主語は「I/You/He/She/They」のいずれでも構わず、客観的に表現できるのである（図7）。これに加えて活用という人称語尾も備えた英語などでは人称論が成立し、また必要である。

一方、日本語における話者は「虫の視点」におり、つまり状況の中に入り込んでいる（図8）。一人称である「私」は自分には見えないから客体化することができない。そもそも人称を前提とする動詞活用などもない。話者自身が見えない地平では人称論は成立しにくいだろう。聞き手との関係によって話者が「私」を「僕・俺・先生・パパ・おじさん」などと（大抵は何も言わないから、ゼロを含めればこれでちょうど）「七変化」するのも、まさに状況の中に身をおくからだ。こうした文脈による使い分けは、自分を上空から見下ろす英語話者には必要がない。「I」だけで、いつでもどこでも押し通せるのである。

二、三人称代名詞などと称される「あなた」「彼／彼女」なども実際は名詞であって、その用法は限られたものだ。それに加えて、見えない話者（一人称）と見える相手（二、三人称）の断絶があり、英語と大違いである。いわゆる主観表現の「悲しい」「嬉しい」「飲みたい」などは、逆に話者にしか使われず、客体化の可能な二、三人称にはそのまま使うことができない。それもまた、この断絶の結果である。人称論については、第五章で仁田義雄の「主語必要論」を論評する際に戻って来ることにしよう。

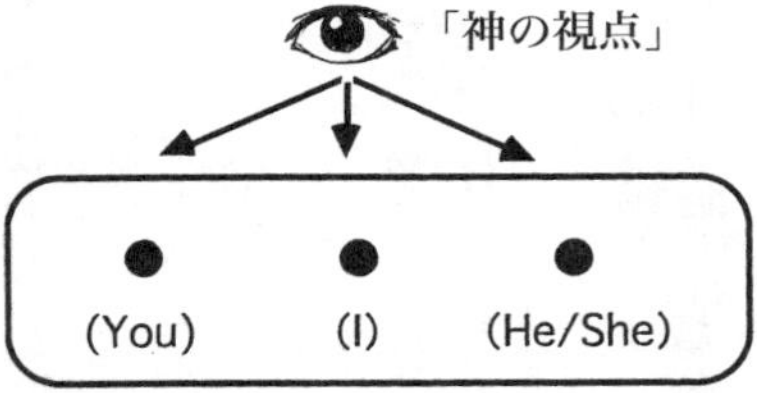

図7

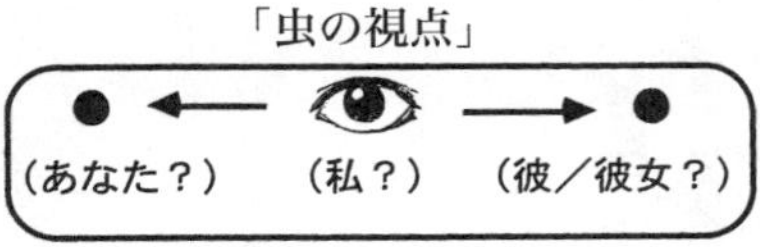

図8

　さて、日本語が動作主や行為の対象をあまり言わないこと、特に英語で人称代名詞が使われる場合では言うと悪文になることは、次の例文でも明らかだろう。

（5） Did YOU see George?

（6） Yes, I saw HIM.（または Yes, I did.）

（7） 譲治を見ましたか。

（8） はい、見ました。

このように、人称代名詞（YOU, I, HIM）が英仏語では必要不可欠だ。それに対して、日本語では人称代名詞はいらない。それでいてちゃんと「座りのいい」文になっている。「座りがいい」どころではない。（8）の「見ました」の代わりに「私は彼を見ました」などと言うのは、非文とは言えなくとも、明らかに悪文である。英語と日本語のこの違いは決定的なものである。虫の視点で話す日本語にはコンテキスト（文脈）が充分に与えられている。英語は状況を遠くから見下ろすので、臨場感に乏しい。それで総花式にすべての要素を言うことが文法化されてしまったのである。

こうして、名詞で新しい情報（例えば（5）のGeorge）が導入された後も、英語などでは、いちいち旧情報を繰り返さなくてはいけない。そして、「その煩《わずら》わしさを軽減する、せめてもの手段」が代名詞（例えば（6）のHIM、（5）のYOUに対する（6）のI）なのである。英語などが人称代名詞を必要とする最大の理由はこれなのだ。そして人称代名詞を使えば使うほど、行為者や被行為者がその都度《つど》現れて、英語の「する言語」的性格が強調されることになる。

再帰表現という虚構

話者が状況から遊離して上空の「神の視点」から見下ろすようになると、さらに不思議なことが起きる。話者が行為者としての「私（I）」を、まるで第三者のように見下ろしているうちに、話者が行為者としてだけではなく、さらにもう一度、今度は行為の対象としても出現する。つまり話者の行為が、ブーメランのように話者自身に戻って来る、という虚構が発生する。これが「再帰表現」と言われるものだ。例えば、「自殺する」ことを英語などでは「私自身を殺害する（I kill myself.）」と表現する。まさに「する言語」の極致と言うべき用法が再帰表現なのである。

よほど英語の直訳風の文でない限り、こういった文が悪文となるのは、日本語本来のものではないからだ。そもそも人称代名詞というカテゴリー自体の存在があやしいのに、主格代名詞と再帰代名詞とを二つ持って来るなどという構文が、日本的であるはずがないではないか。

英語をはじめとする西洋語でも、再帰表現の発生は比較的新しい。例えば、ラテン語にはほとんど見られず、フランス語やイタリア語などでもラテン語から分化した後に発達したものである。英語においてはさらに遅く、一五世紀までは自殺も他殺も、例えば「He killed him.」と言っていた。その混乱を避けるために再帰表現の「He killed himself.」が構文として定着したのは、近代英語（Modern English）の一七世紀になってからである。一七世紀と言えば、日本ではすでに江戸時代になっていた。

英語と比較した「ある言語」日本語の性格をかつて橋本進吉は次のように語ったことがある。ここで「反照的」というのは再帰表現のことだ。

なるほど、『ゆ』『る』等の語尾あるものには西洋語の反照的の言ひかたにあたるものもある。『あがる』は『自らをあげる』のであり、『うづもる』は『自らをうづめる』のであるとして解釈出来ないではない。しかし日本語では、後にも、反照的語法は発達しないし、我々の言語意識として『自らをどうする』といふやうに考へるのは不穏当に感ぜられる。それよりも、『自らさうなる』といふのが、日本的の考へ方ではなからうか。

今こそ橋本の学校文法の改正を、と切に願う私ではあるが、この引用箇所の橋本の言葉には敬意を表したい。ここまで言い切る橋本がなぜ、定義を変えてまで初代学校文法である大槻文法の「主語」の概念を守ろうとしたのか、まったく理解に苦しむところだ。私にとっては永遠の謎である。なお、橋本がこの後で「西洋語でさえ再帰表現は歴史的に新しい構文である」と書いていたら、さらに良かったのだが。

さて、これほど日本語の発想からかけ離れた再帰表現を、こともあろうに、日本語文法における主語の必要性の証拠として挙げている文法家がいる。それが久野暲《くのすすむ》や柴《しば》谷方良《たにまさよし》など、生成文法の影響を受けた文法家たちだ。「自分」という漢語を日本語の再帰代名詞であると主張し、これと「主語との意味的な一致」を指摘して主語の存在を唱えている。私は『主語はいらない』で彼らの主張をつぶさに観察し、多くの反例を挙げてそれが根拠を持たないことを詳しく論証した。関心のある方は参照されたい。また『謎を解く』では、日本語で再帰表現を無理に作ると文字通りの落語になることを指摘した。それが古典落語の「そこつ長屋」の落ち「この死体は確かに俺だが、それを抱いている俺は一体誰だろう」である。I keep myself busy. や Je me porte bien. などと平気に言える英語やフランス語に直訳したら、せっかくの落ちが落ちにならず、笑ってもらえないだろう。

日本語の発想に根ざさない、こうした役に立たない「(外来の) 理論のための理論」は今後も批判していかねばならないが、ここではもう一点、新たに反論を加えておこう。それは例えば久野が『新日本文法研究』で挙げている次のような文に関してである。

(9) メリーは、ジョンに自分のアパートでヌード姿を写生させた。

それにしても何でわざわざヌード姿なのだろう。なぜ「似顔絵を描かせた」ではいけないのか。こうした文や、その前に出て来る「メリーはジョンに自分の部屋で頭を殴られた」「メリーはジョンに自分の部屋で腕を折られた」「花子は太郎に自分の部屋に閉じ込められた」「メリーはジョンに自分の部屋で頭を割られた」などの例文には、思わず目をそむけたくなる。こうした例をわざわざ作文するのは、文法以前の久野氏の意識の問題であろうからここでは問うまい。それよりも問題としたいのは、ここに端的に見られる「論理のすり替え」についてである。

久野（や同じく「自分」を梃子《てこ》に主語必要論を展開している柴谷など）は、英語のmyself/yourself/herself/himself/ourselves/themselvesを「再帰代名詞」と呼び、それが日本語では「自分」にあたるとした。「自分」などという外来語を再帰代名詞と比定することに、すでに大きな問題があるが、ここでは一応受け容れるとしよう。今回挙げる問題はその次だ。久野や柴谷の主張は次の推論に立脚していると思われる。

（A）英語の再帰代名詞myself/yourself/……は日本語の「自分」にあたる。
（B）ゆえに、「自分」は再帰代名詞だ。
（C）ゆえに、「自分」が使われる文は再帰文である。

ここには、明らかな論理のすり替えがある。実は「myself」以下と「自分」は意味的に対応していない。これは実は簡単なことなので、これからざっと説明してみよう。

「再帰構文」に使われる「再帰代名詞」とは、端的には、間接目的語および直接目的語である。これらの用法のそれぞれの例を見よう。

I have hurt myself.（直接目的語）

I poured myself a cup of coffee.（間接目的語）

「私が自分でやりました」を意味する「I did it myself.」でさえ、厳密には再帰構文ではない。この「myself」は副詞であるからである。さて、上記の久野の例文（9）「メリーは、ジョンに自分のアパートでヌード姿を写生させた」の「自分」は、これら二つのうち、どの用法であろうか。どれでもない。どれでもないのもそのはず、この「自分」は「herself」とは訳せないものなのだ。訳せば単に「her（own）（apartment）」であろう。つまり、この文はそもそも「再帰文」ですらない。

自分を・自分に	herself
自分の（アパート）	her (own) (apartment)

表2

種を明かせば、「自分」は単なる名詞なのである。日本語における「私・あなた・

彼・彼女」などがすべてそうであるように。だから「自分」に格助詞の「に・を」などが付けば、その二つが一体となって補語となるし、連体助詞の「の」が付けば「所有形容詞」となるにすぎない。これは「私・彼」などどれでも同じことだ。所有形容詞と再帰代名詞は全然違うものである。上の表をご覧いただきたい。「彼女」を例にとる（表2）。

これで明らかなように、久野らの「自分＝myself/yourself/……」という主張は、その前提がここでも間違っている。『主語はいらない』で指摘した点にこの点も加えて、久野や柴谷の反論を期待したいものだ。

日本語の人称代名詞は人称「名詞」

日本語と英語の大きな違いのひとつは、人称詞に関してである。『主語はいらない』で、日本語に人称代名詞という文法カテゴリーは不要であると主張した。その理由をここで再び掲げる。

英語は主語や目的語がないと非文法文となるから人称代名詞を多用する。一方、日本語は述語だけで基本文となれるから、人称代名詞がいらない。英語と違って人称代名詞の働きは名詞とまったく同じであり、名詞と別の品詞とみなす理由がない。人称代名詞は日本語では単に「人称名詞」と呼ぶべきだ。

人称代名詞は、英語で基本文を作るためには必要不可欠で、名詞から独立した品詞である。例えば先ほどの表1の「I see Mt. Fuji.」と「富士山が見える」だが、もし「富士山がやがて見えること」がすでに話者に予期されていた場合には、これらの文はそれぞれ「I see it!」と「見える！／見えた！」となる。代名詞の必要な英語と不要な日本語は実に対照的である。つまり「行為者としてのヒトやその対象のモノ（ヒト）をできるだけ表現しない」のが最も自然な日本式の発想であり、文の作り方だということである。それに対して、「する言語」の英語にふさわしいのは、ここに列挙した積極的行為者を持った文である。「I see it!」を代名詞まで訳して「私にそれが見える！」などと言うのは、常軌を逸した悪文となる。さらに直訳の「私がそれを見る！」では漫画だ。

表1の英文からいくつか取り出して、直接目的語を代名詞で置き換えてみよう。「I see Mt. Fuji.」を「I see it.」と変更するやり方を他の文に適用してみる（表3）。

表3の日本文はすべて基本文（最小文）である。「ほしい」は形容詞文、「好きだ」

（欲求）	I	want	it.	ほしい。
（理解）		understand		分かる。
（必要）		need		要る。
（知覚）		see		見える。
（知覚）		hear		聞こえる。
（好き）		like		好きだ。

表３

は名詞文、それ以外はすべて動詞文だ。これらに主語などといったものはなく、そのまま左の英語にそれぞれ対応する文である（基本文〈最小文〉については『主語はいらない』を参照されたい）。

虫の視点は、臨場感あふれる「生き生き、ありあり」とした状況の中にある。その地平においては、英語のＳＶ、ＳＶＣ、ＳＶＯのような「文の要素が首を揃えていないと文が成立しない」などという不自由はない。「虫の視点」にはコンテキストが豊かに瑞々《みずみず》しく、ありありと与えられているからだ。一方、先に川端や谷崎作品の英訳で見たように、英語は話者に「神の視点」が与えられる。それは抽象的客観的で状況から乖離した高みにある。総花的な要素の存在があって初めて一つ一つの文が成立するのは、この遠く離れた荘子的視点の所為である。

かくして、すでに状況内にいる「私」を自明のこととする日本語ならば単に述語の「ほしい」一言で済むところを、英語は「I want it.」とわざわざSVOの三語で言わなければならないのである。ご苦労なことだ。しかし、言うまでもないことだが、そんな英語の「お家の事情」に付き合わなければいけない、などという義理も義務も日本語にはない。生成文法の先生たちには、このあたりをしっかり肝に銘じていただきたいものだ。はっきり言っておこう。生成文法はせいぜい英文法、しかも「現代英語の文法」であり、「一般言語学」の資格はない。

いわゆる「意味を持たない主語」などは一番哀れを誘う現象である。日本語の名詞文「三時だ」や形容詞文「寒いね」に対して、英語では嫌でも「dummy subject」を使わなければ文にならないのだ。dummy subject、文字通りの「馬鹿主語」である。dummyには「替え玉」の意味もあるが、少なくとも語源はdumb「馬鹿」だ。ピーマン主語とでも言おうか。命名はおそらく英語を母語とする文法学者だろうから、自分たちもカッコ悪いことは意識しているのだろう。「三時だ」と「寒いね」は、それぞれ「It is 3 o'clock.」「It is cold.」となる。この「It」が哀れな鬼っ子の「馬鹿主語」殿である。

三上文法を高く評価するジャーナリスト本多勝一《ほんだかついち》の名著『日本語の作文技術』に、次の有名な箇所がある。何度読んでも溜飲が下がり、快哉を叫びたくなる件《くだり》だ。読者の精神衛生のためにも、少し長いが引用しよう。「ダミー主語」を本多は「イギリス語があげている悲鳴」であると言う。

いやでも何でも、どうしても「主語」を出して強調せざるをえない。何かを強調してはならぬ関係のときでも、常に何かひとつを強引にひきたてざるをえない文法というのも、ある意味では非論理的で不自由な話だ。気象や時間の文章でitなどという形式上の主語を置くのも、全く主語の不必要な文章に対して強引に主語をひねり出さねばならぬ不合理な文法の言葉がもたらした苦肉の策にほかならない。「形式上のit」はイギリス語があげている悲鳴なのだ。フランス語の主語ilやドイツ語のesも同様である。あえて皮肉をいえば、人類の選択しうるさまざまな言語方式の中から、ああいうシンタックスを選んでしまった民族の帳尻あわせでもあろう。

ここで本多が「常に何かひとつを強引にひきたてざるをえない文法」とか「全く主語の不必要な文章に対して強引に主語をひねり出さねばならぬ不合理な文法」とか言

っている言語状況は、先ほど『雪国』や『少将滋幹の母』の一節の英訳で見たものに他ならない。最後の「ああいうシンタックス」とは、主語を義務化してしまったことを言う。人類言語の普遍的なカテゴリーどころか、主語という文法カテゴリーは、一部の言語が近代になってから発達させた徒花《あだばな》である(このことは第三章で明らかにしていく)。なお松本克己《まつもとかつみ》は、日本言語学会の会長就任講演(一九九一年)において「主語は一二〜一三世紀に印欧語に出現したが、他の語族には依然として見られない」と主張している。これは極めて注目すべき発言である。私は第三章の考察を通じてこれと同じ結論を引き出し、さらに現代スペイン語やイタリア語における主語の存在さえ疑ってみようと思う。

「民族の帳尻あわせ」も、いかにも名文で鳴らす本多らしい表現だ。この表現に私が思うのは、明治期、英文法を日本語に採用した文法家(特に大槻文彦)のことである(このあたりの時代背景は『主語はいらない』に詳述)。脱亜入欧の掛け声のなか、主語を日本語文法に取り入れた「民族の帳尻あわせ」を、日本人はいつになったら解消できるのだろう。日本語文法における「主語」はまさに日本「民族の帳尻あわせ」であり、明治維新の「高いツケ」なのである。

ちなみに、本多勝一が三上文法を高く評価する理由も述べておこう。他でもない、それは三上文法が「分かりやすくて」「役に立つ」からである。本多は言う。

三上説をここで重点的にとりあげたのは、これまで述べてきたような意味での「わかりやすくて論理的な日本語」を考える上で、この文法論はたいへん参考になり、実践的だったからである。私たちジャーナリストのような、文章のいわば「現場」にいる者にとって、自分の毎日書きとばしている日本語の文章がどのような性格のものであるかを知るには、ある仮説が出た場合にそれを徹底的に使ってみることが第一だ。三上氏の「主語廃止論」は、私の考えてきた「わかりやすさと論理性」を実践する上でたいへん役立った。三上文法に対して黙殺する側の文法書もいくつか見たが、これは現場の実践には大して役立たないように思われた。

ここのキーワードは「わかりやすい」と「現場の実践に役立つ」だ。私が三上文法を素晴らしいと思うのも、まさにこの二点であるからだ。本多と私が違うのは仕事の分野であって、こちらは日本語教育が「現場」だが、三上の理論が「現場の実践」に役立つという点ではまったく同じだ。

日本語教師にとっては、教室という現場の実践に役に立たない文法は「絵に描いた餅」、あるいは「理論のための理論」である。そうした机上の空論が、日本で依然として教えられている学校文法、つまり主語を含む橋本文法であることは言うまでもない。ましてやアメリカ帰りの生成文法家による日本語文法は、さらに輪をかけて露骨な英文法である。日本語の現場、つまり虫の視点から出て来る理論ではない。

第五章では「日本語学」論者の主張を考察するが、とりわけ仁田義雄の「分かりにくさ」を指摘することになるだろう。三上章の「分かりやすさ」とはまことに「天地の差」がある。もちろん「役に立つか」という点でも同様だ。

敬語表現——主体尊敬と客体尊敬

敬語は日本語や朝鮮語の特徴のひとつとして必ず挙げられるが、これも視点論が上手く当てはまるものの好例だ。いや、視点論を使わないと敬語は百パーセント説明できない、とさえ言えるかも知れない。

例えばここに「田中さんが座った」という文があるとする。英語話者は、ひとまず、これを「Mr. Tanaka sat down.」と訳すだろう。ここまでは問題がない。しかし、この文を尊敬表現に変えて「田中さんがお座りになった」とした瞬間に問題が発生する。英語話者は、田中さんという名前の人が、椅子に腰掛ける動作を上空の「神の視点」から眺め下ろしている。これでは「田中さんが座った」と「田中さんがお座りになった」の違いは何も見えるはずがないのである。

一方、日本語においては「田中さんが座った」と「田中さんがお座りになった」の文脈の違いが手にとるように分かる。その理由は、その動作を目撃する話者の虫の視点にある。「田中さんがお座りになった」において、話者は虫の視点で、行為をおこす田中さんを高く見上げるのだ。その高さが「お座りになる」という尊敬語で表現される。尊敬の主体が何か行為をし、この視覚イメージが虫の位置の話者に下りて来る、という構図なのである。この、下方に向かう行為を最も端的に示しているのが「くれる」の主体尊敬「下さる」であることは言うまでもない。今では単なる丁寧な依頼表現となっている「……して下さい」も、語源的には「……という行為を（私のいる）下方に向かって下してほしい」の謂《いい》である（図9）。

敬語は、よく尊敬語と謙譲語の二つに分類される。例えば「話す」は尊敬語では「お話しになる」、謙譲語では「お話しする」となるのがその例だ。しかし、謙譲表現とは常に尊敬すべき他者がいるという前提に立って「へりくだる」ものだから、他者のいない場面での行為である「公園をお歩きしました」などは正しくない。つまり、謙譲表現もまた尊敬表現の一部なのである。

「虫の視点」

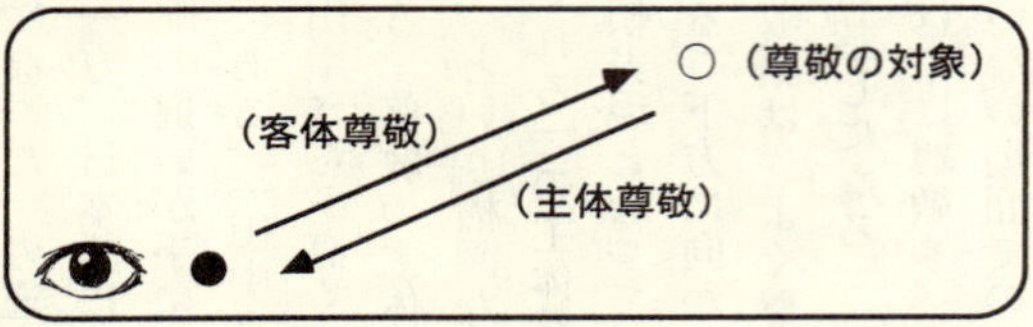

図９

最近よく使われる表現を本書でも使い、従来の尊敬語を「主体尊敬」、従来の謙譲語を「客体尊敬」と呼ぼう。要するに、両者は尊敬の対象が行為の主体か（主体尊敬）、あるいは行為を受ける客体か（客体尊敬）という違いだけである。従って、尊敬を受ける人物にその目印として使われる格助詞は、主体尊敬では「が」（お客様がいらっしゃった）、客体尊敬では「を／に」（お客様に差し上げた）であることが多い。だが、もちろんこれらにおいて補語はいずれも義務的ではない。

客体尊敬で話者は「へりくだる」とは言っても、尊敬する人物と話者との相対的上下関係は上記の主体尊敬と同じである。つまりここでも話者は相変わらず「虫の視点」にいるのだ。あえて虫の位置から穴を掘って、さらに下方にもぐる必要はない。

先ほどの主体尊敬では、行為は話者に向かってなされたが、客体尊敬はその行為が逆方向を向く。下から上に向かう行為と意識されるのが「お客様に差し上げた」などという客体尊敬というわけである。ここの「差し上げる」に含まれる動詞「上げる」が、下から上に向かう方向を文字通り示していることに注目したい（図9）。

主体尊敬にせよ、客体尊敬にせよ、それは「虫の視点」からしか見えない高低の差であるが、このことは先に見た「名詞修飾」とよく似た状況であることに気付かれたと思う。

「やりもらい」表現と太陽の動き

尊敬表現の仕組みに実によく似たものが授受動詞、いわゆる「やりもらい」である。とは言え、上で一部取り上げた「差し上げる／いただく／下さる」などは尊敬表現であるから、ここでは繰り返さない。それ以外で、しかも英語の「give」にあたる「あげる／くれる」に絞って考えることにする。言うまでもないだろうが、日本語や朝鮮語において、こうした動詞は単に「与える」という意味を持つだけではない。「教えてあげる」のように他の動詞と一緒になると、「物の授受」ではなく「恩恵の授受」をも示すように文法化されている。

これまた英語や仏語の話者にはピンと来ない表現なのだ。例えば「花子が来た」と

「花子が来てくれた」は、花子と名乗る人物がどこかにやって来た、という「事実関係としては同じ」だからである。英語話者の、状況から引き離した上空からの神の視点では、まったく違いが見えないし、その違いの必要性がそもそも感じられないだろう。この点で、やりもらい表現は上に見た尊敬表現とまったく並行している。

だから、やりもらい表現の説明は尊敬表現のそれと同じでいい。日本語では話者の視点がはるか上空にはなく、地上の虫の視点だからだ。

英語であれば、「give」を使った表現は（例えば「I gave him a book.」というように）SVOO構文となるのが普通だ。与える人間は誰か、受け取るのは誰か、何が与えられるのか。事実関係として、それら三つの情報さえあれば必要にして充分である。与える人間が話者自身であっても、事態はまったく変わらない。神の視点から話者が自分を含めた授受に関する状況を、あたかも他人事のように眺めおろしているわけである。もし本を与えるのが彼で、受け取るのが私であっても、単に人称代名詞が入れ替わって「He gave me a book.」となるだけだ。与える、という行為に何ら変化はないのである（図10）。

これに対して日本語の場合は、ここでどうしても「give」という行為を言い換えなくてはいけない。話者の虫の視点は状況の中にあるからである。先ほどの尊敬表現がそうであったように、下から上への物や恩恵の移動、つまり虫が与えるのであれば「あげる」を、その逆に、移動は上から下で、虫に与えられるのであれば「くれる」を選ぶことになる。

左の図11をご覧いただきたい。話者の視点がこれまでと同様に虫の位置にあることは変わらない。変わるのは、話者である「私」が、本を与えるのか、もらうのかだ。

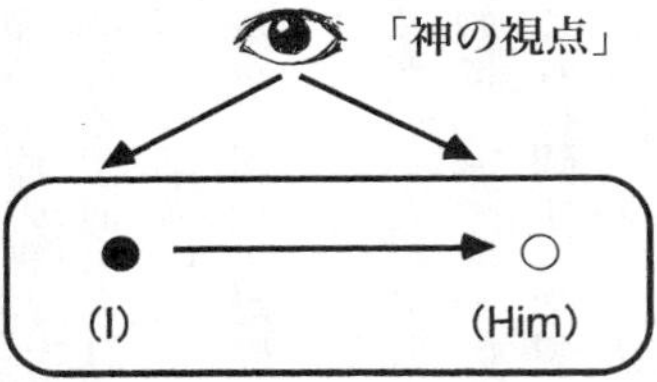

図10

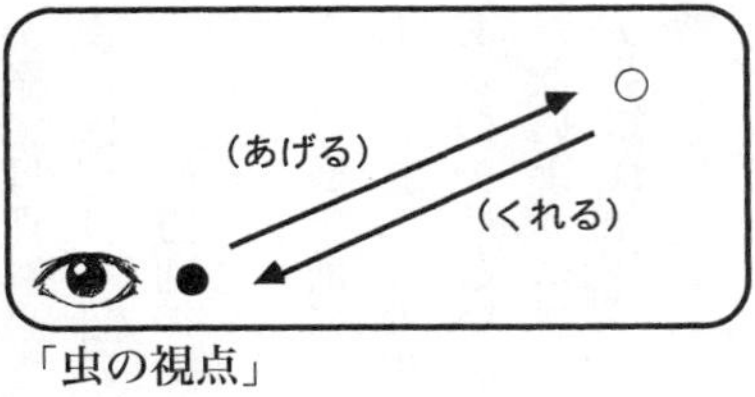

図11

かくて「I gave him a book.」にあたるのは「本をあげた」だし、「He gave me a book.」なら「本をくれた」となる。この動詞の違いは、英語では到底言い表せない（図11）。

なぜなら、英語の場合、高みにあって不動の神の視点は、話者自身さえ他人のように見下ろしており、その距離のために、与える者と与えられる者が同じレベルにいるように見えてしまうのである。これは、先ほどの名詞修飾節の「瘤の高さ」が、英語では理解をさほど困難にしないことと同じである。両者の高低差が消去されてしまえば、日本語のような「あげる／くれる」の差は生じない。英語の話者に見えるのは、垂直方向ではなく単に水平方向の、本が誰から誰に移動するか（図10）だけなのである。

ここでちょっと余談だが、数年前に「やりもらい」表現の語彙に関して面白いことに気付いた。それは、上で見た二つの和語の「あげる／くれる」という語彙が、語源的に「赤／黒」に関係あるのではないか、ということである。色々と調べてみたが、これに関する学説はまだないように思える。他の人がすでに実証した説であることを私が知らないだけなのかも知れない。もしそうなら、どなたかにご教示願えたら幸いである。

「あげる／くれる」は先で述べるとして、名詞のペア「赤／黒」には、それと同語源の「形容詞のペア」があることはよく知られている。と言っても、いかにも当たり前の「赤い／黒い」ではない。読者はすぐお分かりだろうが、それは「明暗」を表す「明るい／暗い」だ。「明るい」が「赤」に、「暗い」が「黒」につながっていることはよく知られた事実で、辞書にもそう書いてある。ak-/kur- というような共通の語源が考えられよう。つまり、和語の「赤」の本来の意味は「明るい色」、「黒」もまた

「暗い色」だったのだ。これは要するに「光の出現／消失」という反意語である。こうして見ると、日本人の子供が太陽を赤く塗ることには、実に深い意味があると言わねばならない。日本の国旗、日の丸はかくも赤い円だ。カナダの子供に太陽を描かせると、赤は決して選ばない。英語系でも仏語系でも黄色、オレンジである。つまり、古代日本人の和語の世界においては、黒の反対は白ではなく赤だった、ということになる。

形容詞「明るい／暗い」のペアに続いて、「赤／黒」の語基 ak-/kur- にはまた「光の出現／消失」を意味する「動詞のペア」がある。これまた新説というわけでもあるまい。それが「明ける」と「暮れる」だ。朝の情景を思い浮かべてみよう。この時、夜が「明け」、東の空は「明るく」なり、太陽が顔を出す。太陽の色は日本人には日の丸の「赤」なのである。朱色でも「朱《あ》けの色」には違いない。

さて、私の仮説はここからである。夜明けの太陽はどうなるか。言うまでもなく、空を「あがっていく」だろう。これらに共通の ak-/ag- は、すべて同語源ではないか、と思うのである。そして「あがる」が同語源なら「あげる」もそうだということになる。奈良時代の「穿（うか）ち／贖（あか）ひ」が後にそれぞれ「うがち／あがひ」と濁音になったように、清音 k と濁音 g は時に交替する。もちろん、k と g に別な意味が与えられて分化した後、並立することもある。例えば「くち」と「愚痴《ぐち》」、「側（かわ）」と「側（がわ）」だ。

ちなみに古語の「あがる」には「色がよく染まる」という意味があるし、緊張して「あが」れば、顔も赤らむだろう。現代語でも「雨あがり／病みあがり」や「梅雨あけ／休暇あけ」は、ともに何かが「止むこと、終わりになること」だ。

次は日没の光景だ。日が「くれ」て、西の空は「くらく」なる。闇が迫ってくる。それは光を失った「くろ」の世界だ。これらに共通の kur- は、間違いなく同語源だろう。こちらも連濁《れんだく》で kur-/gur- となり得る（例：暮れる→日暮れ）。そして「あげる」の反意語が「呉れる」ではないか。「暮れる／呉れる」は漢字表記だけの違いで、同一の和語である。

こうして、ak-/ag- に対する kur-/gur- を考えると「やりもらい」の「あげ／くれ」が自然に射程に入ってくる。なぜ、日の出と日の入りが、授受動詞とつながるのか、と言えば、答えはひとつしかない。それは、あげたり、受け取ったりする主体が、「虫の視点」にいるからなのである。つまり、尊敬表現のところで述べた、話者の虫の視点に対する尊敬の対象となる人物が占める位置の高みは、やはり「あげる／くれる」にもあるのだ。

その証拠に、今では尊敬表現とは感じられない「あげる」も、漢字では「上げる」と書かれるのではないだろうか。「くれる」も尊敬語では「下さる」と「下」が出て来る。話者が「虫の視点」という低い位置にいるが故に、自分を中心にしての「与え／与えられ」は何よりも垂直方向、上下の軸で捉えられた。そして、それはその地平から眺める太陽の動きに「見立て」られたのだと私は思う。

さて、上記の仮説は傍証に事欠かない。例えば「日没と日の出」という対比であれば、方角としての「ひがし／にし」にも関わってくるのが自然ではないだろうか。果たしてその通りなのである。和語の「ひがし（東）」は「太陽の向かう方向」の意味である「日＋向か＋し」である。最後の「し」は方向の意味だ。その反対の「にし（西）」は同様に「（太陽の）行ってしまう方向」という意味の「去（い）に＋し」（の語頭が落ちたもの）であることはよく知られている。やはりここでも太陽が語源となっているのだ。さらに、沖縄の八重山方言では、これがより直接的に太陽の動きとなっているのも興味深い。「東」は「あーんた」、「西」は「いんたー」と言って、それぞれ「上がった」と「入った」から来ているらしい。そう言えば、「西表」と書いて「いりおもて」と読ませるのも、同じ発想なのに違いない。

また、『岩波古語辞典』によれば「左（ひだり）」も太陽と関係がありそうだ。中国

ak-a （赤） “red”	ak-arui （明るい） “bright”	yo-ake （夜明け） “sunrise”	age-ru （上げる） “(I) give”
kur-o （黒） “black”	kur-ai （暗い） “dark”	hi-gure （日暮れ） “sunset”	kure-ru （くれる） “give (me)”

表4

の天子のように南面した場合、左は東の方となる。そこから「ひ（日）＋だ（出）＋り（方向）」ではないか、と言うのだが、私はこの説明でいいと思う。「右」の方はよく分からないようだ。

最後にここで考察したak-/ag-とkur-/gur-の語彙を比較表にまとめておこう。参考までに漢字表記と英語の対訳も加えた。語源のイメージは、前者ak-/ag-が日の出／夜明けであり、後者kur-/gur-が日没／夕暮れである（表4）。

「今度・いま・さき」は、いつのこと？

渡辺実《わたなべみのる》の『さすが！　日本語』は、日本語に多い主観的表現を考察した著作であるが、その多くは「虫の視点」からも説明できるものだ。その中から三つ「こんど・いま・さき」を取り上げてみよう。

これらは、ともに未来にも過去にも使うことができる。まず、「こんど（今度）」からである。

（10）よくも俺をだましたな。今度会ったら目にものを見せてやるぞ。（未来）

（11）今度採用された秘書はすごい美人だって、あちこちで評判だよ。（過去）

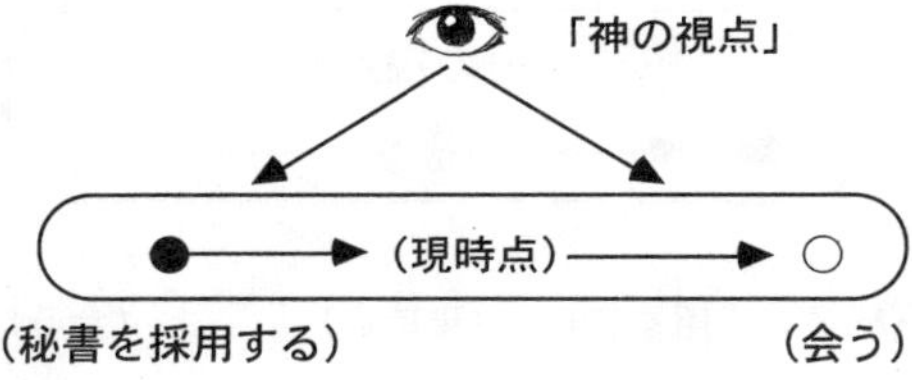

図12

さて、英語では、この二つの「今度」を同じ単語では訳せない。最初の文では next time、次の文では recently/lately などと使い分けられるだろう。「今度」は両方の文に使えるのに、これは一体どう説明したらいいのだろうか。

まず英語から言えば、例によって神の視点は見晴しがいい。そこからは、過去から現在を通って未来へと真っ直ぐ続いている時間の軸が「一気に見下ろせる」のである。さて、この連続線のどの位置に、上の例文の「今度会ったら」（未来）と、「今度採用された」（過去）が配置されるだろうか。おそらく、上図のような位置関係であろう。現時点を挟んで、黒丸は過去、白丸は未来である（図12）。

英語の next time や recently/lately は、現時点を客観的基準としたテンス（時制）の表現なのである。だから現時点の右（会う）と左（採用する）に分かれている以上、それは同じ言葉では表し得ない。テンスは、何よりも神の視点から見た客観的な時間の流れに関する事実である。

次に、日本語の場合だ。日本語の「今度」は、テンスの表現ではない。話者の視点は状況の中の「現時点」である。そうすると黒丸と白丸に「今から見て近い」という共通の印象がもたれる。未来であれ過去であれ、現在の状態に繋がっている、という共通点の方が、両者の違いよりも大きくなる。それはいわば話者の「主観的な現在」であって、テンス上の近未来と近過去を共に包み込んでしまうのである（図13）。

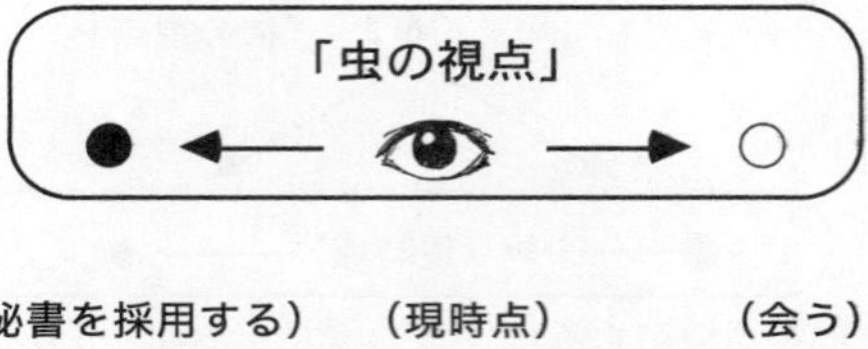

図13

このように、時制で考えると明らかに異なったものが、話し手の意識の中では同一のものとして表現される例が、日本語にはとても多い。以下の「いま」や「さき」なども同様の例で、これらは上空から見下ろしたテンスではなく「虫の視点」の「話者の主観」で考えて初めて納得できるものである。例文は渡辺の前掲書のものをお借りする。

(12)　まあ見ていなさい。いますぐあのハンカチから鳩がとび出すから。(未来)
(13)　いま女の人がたずねて見えましたが、お留守と知って帰られました。(過去)
(14)　来年定年退職となってからさきには、年金生活があるだけだ。(未来)
(15)　わたしたちの離婚のさきには、思わぬ不幸が待っていました。(過去)

時制とアスペクト

第一章の締めくくりとして、文法の最重要項目のひとつである「時制とアスペクト」を考察する。アスペクトは日本語で「相」と訳されたり「態」とされたりで、統一されていない。本書ではアスペクトという言葉を使おう。ある行為や作用が、話者から見て主観的にどういう状態と捉えられるか、を示すのがアスペクトである。例えば「雪が降る」と「雪が降っている」では状況の述べ方に差がある。テンス(時制)と比べると、アスペクトは主観的な表現である。テンスのように、誰が見ても同じ客観的な事実には対応していない。

時制に関してはすでに見た通りである。過去／現在／未来を貫く一本の線が想定され、これこれの出来事はその連続線のどこで発生したか、発生するか、を考察する。

しかし、時制に問題がないわけではない。一番困るのは、日本人の多くが、「た」は過去を表すと考えていることだ。前掲書によれば森田良行は、日本文学専攻の大学生に「学校へ行く」という内容を過去／現在／未来の三つの文で書くように、毎年最初のクラスで課題を与えるそうだ。そして、その結果は毎年、判で押したように「学校へ行った／学校へ行く／学校へ行くだろう」なのだと言う。

さもありなん、である。おそらくこう理解している人が日本語話者の大半ではないだろうか。それは、またしてもテンス中心の英文法を土台にしてできている学校文法のせいなのだ。

「では、これからどこがおかしいのかを見ていこう。「学校へ行った／学校へ行く／学校へ行くだろう」がそれぞれ過去／現在／未来だ、と答えるのは英文法である。英語では、視点が状況から切り離された神のそれであるから、テンスは把握しやすい。

これに対して、日本語では相当様子が違う。まず、厳密に言うと、日本語の時制は現在のみで未来も過去もない。「だろう」は主観的な予想や推量であるから、これは未来を表すのではない。その証拠に、「雨が降っただろう」「今頃遊んでいるだろう」と過去や現在の文にも自由につけて推量を表すことができる。

では、なぜ、「学校へ行くだろう」を未来の文だと感じる人が多いのだろうか。それは「だろう」の前の「学校へ行く」のせいなのだ。日本語でいわゆる「現在文」と言われるものは、実はほとんどがまだ行為がなされていない、つまりアスペクト的意味での「未完了文」なのである。次の文を見られたい。

(16)　今日は何をしますか。
(17)　そうですね。本を読みます。

これらの文は「だろう」がないにもかかわらず、意味的には未来である。それでは次の場合はどうか。最初の文は過去、そしてその答えは現在文である。

(18)　フランス語は勉強しましたよね。
(19)　はい、少しなら分かります。

さて、上の「本を読みます」が未来なのに、同じタイプの文である「分かります」の方は未来でなく、現在文であるのはどうしてなのだろうか。

考えていくと、「テンスと日本語はあまり相性がよくない」ということがだんだん分かってくるはずだ。もう一問、頭をひねっていただきたい。(18) の「フランス語は勉強しましたよね」は過去とされている文だ。では、次の文はどうだろう。

(20) これからクイズを言います。答えが分かった人は、手を挙げてください。

ここでの「答えが分かった」は、テンスとしての過去ではない。クイズをまだ言っていないのだから、答えが分かるはずがないからである。他にも「あれー、今日は何曜日だったかな」とか「ああ、お腹が空いた」とか、探していたものを見つけて「何だ、こんなところにあった！」などと言うのも、過去とは言えない表現である。今日は相変わらずその曜日であるし、いまだに空腹なのだし、見つけたものは目の前にあるからだ。

時制は神の視点／アスペクトは虫の視点

これでお分かりのように、日本語の「た」は、過去を表すのではない。話者が、ある事柄が成立した、と主観的に判断した時に「た」を使うのだ。つまり、「た」はアスペクト表現のためのものであって、テンス（時制）的には、実はどこの時点でも使えるのである。話者はこれまで通り、どこにでも動いていける「虫の視点」で、状況の中にいる。それは「神の視点」から見た過去／現在／未来とは、部分的に似ている要素はあっても、本質的に異なるものである。

結論を言えば、日本語ではテンスよりもアスペクト中心の表現をする。アスペクトを借りて、テンスを間に合わせている、と言ってもいい。学校文法はアスペクトをテンスと「解釈」、あるいは「誤解」しているのだ。この「解釈」という言葉は、第三章「スペイン語に『主語』はあるか」で再び問題となるだろう。

さて、先ほど考察した「川の流れのように」の歌詞を思い出してほしい。早い話が、のろのろと進んでゆく虫のロウ・アングルからは、テンスはあまり意識されないのだ。虫にとって大切なのは過去／現在／未来の連続線などではなく、もっと身近な、自分を取り巻く環境の様態なのであって、それはより感覚的にアスペクトで表されるのである。それに比べればテンスはずっと抽象的、客観的な概念であって、それがよく把握されるのはやはり神の視点から「一気に見下ろしている」からなのだ。日本語の場合はアスペクトをまず「食べる／食べた」と二大区別し、さらにそこから補助動詞を使って「食べている／食べておく／食べてしまう／食べていく／食べて来る」など、ニュアンスをさらに細かく分けていく。これらはひとつとしてテンス（時制）ではない。

吉川武時《よしかわたけとき》が『日本語文法入門』の中で、ヨーロッパの言語の中ではロシア語などスラブ諸語が「テンスに対するアスペクトの優位」を残していると指摘していることにも注目したい。これは第三章のテーマでもあるが、現代の英語話者にとりわけ顕著な「神の視点」は、実は英語本来のものではなかった。この視点を自分のものとするために、英語をその代表とするヨーロッパ語は上昇気流に乗ってしまったのである。アスペクト中心の言語において、テンスが次第に重要性を帯びて、ついにはアスペクトを凌駕《りょうが》してしまった。その逆転の様子は本書の序章に述べた「subject」と「nature」という二つの言葉の消長と軌を一にするものである。ここでも、天地のコペルニクス的転回が起きたのだ。

吉川はイタリア語の文法用語「Imparfetto」が、日本語で「半過去」と訳されていることに注目し、これをアスペクトとテンスの混同だ、と述べているが、そこには単なる混同以上の深い意味が隠されている。日本語やその他多くの言語のように、話者が虫の視点である言語にはアスペクトが便利なのだ。「Imparfetto」の本当の意味は、文字通り「未完了」である。「未完了」という明らかなアスペクト用語が、次第にテンス（時制）として「解釈」されていく過渡期の状況がここに窺えて興味深い。まさにその通りで、「主語」という観点から見ると、イタリア語やスペイン語は日本語と英語の中間に位置する言語である（第三章で指摘する）。

英語と日本語では他動詞も違う

日本語と英語の他動詞のペアがここにあるとする。例えば「to burn (something)」と「燃やす」だ。同じ意味の他動詞だからといって、その意味がまったく同じかというと、大いに違うので注意が必要だ。これには池上嘉彦の『「する」と「なる」の言語学』や影山太郎《かげやまたろう》の『ケジメのない日本語』などをはじめとして、すでに多くの報告がある。

池上の例を借りよう。池上の意見では「to burn」と「燃やす」は意味が同じではない。なぜなら「燃やす」は何かに「火を付ける」ことにすぎない。一方、「to burn」の方は、火を付けた後で、その物が燃えるという結果（到達点）までを含むからである。そのために、次の文は日本語ならいいが、英語では意味が通じない（＊

は非文法文であることを示す)。

(21) 燃やしたが燃えなかった。

(22) *I burned it, but it didn't burn.

この違いは指摘されても、その違いがどこから来るのか、その理由までは充分解明されていないようだ。この種の他動詞の違いも、視点論なら上手く説明できる。「時制とアスペクト」の項でも述べたように、神の視点の高みからは、時制(テンス)が客観的に見通せるのだから、時間の軸の先にある行為の結果が「一気に見下ろせる」わけだ。

到達点に至って、行為が完結することを影山は「ケジメ」と呼んでいる。その意味では、日本語にはケジメがない。ただし「ケジメがない」ことは少しも欠点ではない。日本語話者の「虫の視点」は状況の中にあるから、「燃やす」はあくまでも「火を付けること」にとどまる。その低い位置からは、火を付けた結果は見えないからである。フランス語の事情も日本語とかなり違う。「溺れる」の意味で和仏辞典に載っている「se noyer」が実は「溺れ死ぬ」であることを知って驚いたものである。同じように「abattre」も「撃つ」ではなくて「撃ち殺す」なのだ。まさに「しとめる」わけである。日本語では、ここの例のように「死ぬ・殺す」など他の動詞を補わなければ、結果まで言い表すことができない。

この他動詞比較をさらに進めると、『主語はいらない』や『謎を解く』で提案した英語と日本語の基本文をツリーで図式化したものと、文の「他動詞性」との関連性が浮かび出てくる。クリスマスツリー型の英語文と、盆栽型の日本文をめぐる考察は一部繰り返しになるが、おつき合いいただきたい。

(23) George burned charcoal at home.
(24) 譲治が家で炭を焼いた。

次頁図15を「盆栽型」と呼ぶのは、背が低く（上下二段）、上向きに枝を広げていることからの連想だ。この図のポイントは、三上章が主張したように「が」を他の格助詞と同じレベルに置くということだ。つまり(24)における「譲治が」は「主語」ではなくて、「が格（あるいは主格）補語」にすぎない。「焼いた」だけで基本文だが、これにたまたま三つの補語があるという構造である。「が格」「で格」「を格」の

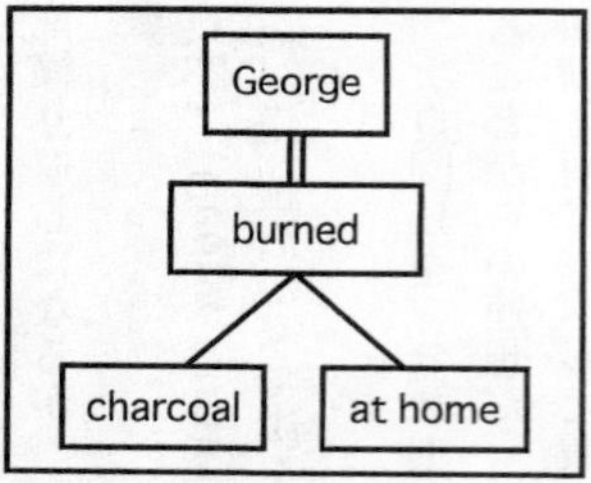

図14　クリスマスツリー型

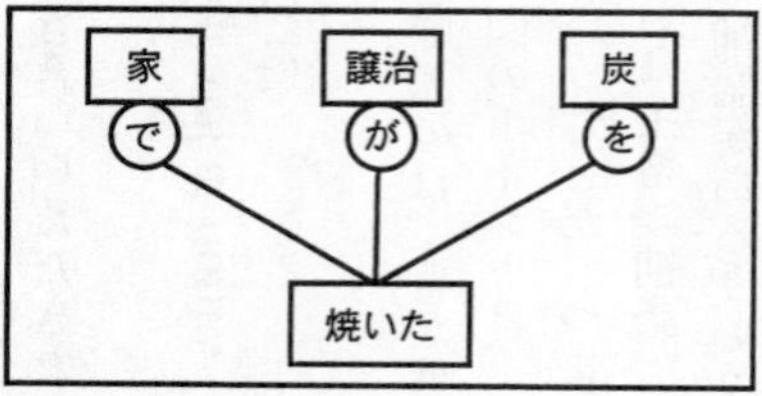

図15　盆栽型

三つの補語は同じレベルに並立されている。これらの間には移動の自由も許されるし、すべてが補語であるから、必要がなければ言わなくてもいい。

「焼いた」にあたる英文は、HE burned IT. など代名詞を補わないと動詞も決まらず英語の基本文とならないが、日本語の方は「焼いた」だけで構わない。(24)のように、基本的には新情報のものを、日本語は補語として盆栽に枝を張ればいい。旧情報でも繰り返しのために補語とすることはよくあるが。

図14は盆栽型よりものっぽ（上下三段）で末広がりだから「クリスマスツリー型」と命名した。背が高いのは「主語」が突出しているせいだ。意味的には動作主であり、動詞にただひとつ前置されて文頭に置かれ、文であるためには（代名詞を使って

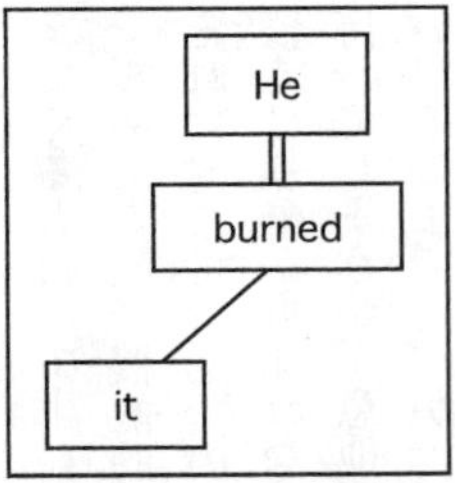

図16　クリスマスツリー型

図17　盆栽型

でも）常に存在しており、おまけに動詞に活用を起こさせる、という圧倒的にパワフルな名詞句がこの「主語」である。これに相当するようなものは日本語にはない。日本語の動詞文には、動詞と特権的な関係にある「主語」の存在は不要であることを図15は示している。

「英語の悲鳴」はここにも

さて、次に、これは本書が初の試みだが、上の二つの文の中で「George／譲治」と「charcoal／炭」が、話者と聞き手にすでに分かっている旧情報だと仮定し、それのツリー図を描いてみよう。その場合、上で述べたように英語には代名詞が現れる（図16）。ところが日本語ではそれが義務ではない。盆栽ツリーは鉢だけとなってしまう（図17）が、依然として文である。よほどの事情がない限り代名詞を補って「彼がそれを焼いた」とは言うまい。それは「私はあなたを愛しています」の類の、不必要に重い悪文である。

(25)　He burned it.

(26)　焼いた。

これでお分かりのように、日本語の他動詞文は動詞のみで成立するのに、英語の方は人称代名詞を使ってSVO構文としなければいけないのだ。本多勝一言うところの「英語の悲鳴」は決して「馬鹿主語」だけでなく、こういう代名詞の状況からも聞こえてくると言ってよいだろう。

極めて身軽で機能的、経済的な(26)「焼いた」には和服の着流しの風情《ふぜい》がある。それに対して(25)の「He burned it.」の方はいかにも不経済、いたずらに重厚、譬《たと》えは残酷かも知れないが、末期のプレスリーのジャンプスーツといった印象を私は持ってしまうが、意地悪だろうか。すべてを言わず余韻を残す、といった趣とは程遠い「そこまで言うか」の文。野暮《やぼ》の骨頂とも見えるが、これも偏《ひとえ》に「他動詞文ならいつでもどこでもSVO」と義務化してしまったばかりに、まことに融通のきかない英文法のせいなのだ。まことに不幸な「お家の事情」である。「馬鹿主語」ならぬ

「dummy pronouns：馬鹿代名詞」とでも言うべきところだろう。

こうした他家の窮状には「大変ですね」と言っておけばよい。英文法で日本語を記述しようとする多くの文法家のように、何も英語におつき合いして日本語まで野暮にする必要などないのである。こういう試みの挙げ句に大失敗をした伊丹十三《いたみじゅうぞう》については『主語はいらない』に書いた。もっとも、ロビン・ギルの『英語はこんなにニッポン語』を読むと、英語の人称代名詞はすべて単音節で普通はアクセントも置かれないから、ジャンプスーツの重さはもはや感じられないようだ。だが、たとえ軽くとも、その「構文的仕組み」は重い。紙子《かみこ》のジャンプスーツというところか。重要なのは、そのジャンプスーツを着なければ文になれない英語と、和服の着流しの日本語の違いであり、その差は決定的である。

さて、これで「日本語では代名詞（pronoun）を省略（drop）する」などという、生成文法家たちのいわゆる「proDrop」説が、いかに英語中心主義で能天気の、いささかも日本語の現実を反映したものでないことがお分かりいただけるのではないだろうか。

Drop?　冗談ではない。最初から持っていないものを落とせるはずがない。こうした「理論のための理論」のお先棒を担ぐ、生成文法家の先生たちには、今からでも遅くはない、三上章の著書を繙《ひもと》いていただきたいものである。
それより何より、私の主張に不服なら堂々と反論していただきたいのだが、予想通り象牙の塔の「高み」からは何も聞こえてこず、当方は「髀肉之嘆《ひにくのたん》」の状況である。国字問題をめぐっての福田恆存《ふくだつねあり》の挑戦に、学界を代表して堂々と応じた金田一京助《きんだいちきようすけ》の勇気を持つ論客が今の日本の言語学界／国語学界にはただの一人もいないのだろうか。多くの日本語話者の目に触れる舞台での論争の日を、読者とともに辛抱強く待つことにしよう。

さて、視点論から（25）と（26）を考察すると、先ほどの「日本語の他動詞のケジメのなさ」（影山太郎）の理由が分かってくる。クリスマスツリー型の文とは、結局「神の視点」のイメージそのものなのだ。主語が神の位置に鎮座しておられる。活用とは「主語が決まらないと動詞が決まらない」状況を言う。自分が箸を取らないと誰も食べられない昔の家長のようなものだ。さらに、他動詞の場合は、神の位置から、確実に対象物を文中に明示して、これを「しとめる」。「仕・留める」とは、端的には武器を使って相手（獲物）を確実に殺す、ことを言う。

結局、これは先に見た時制（テンス）とアスペクトの考察と同じことだ、ということに気付かれるだろう。「神の視点」からは起点から終点までが一気に、そしてはっきりと見えることで時制（テンス）が説明できた。そして、他動詞文の終点とは何か。それは「行為の結果」に他ならない。

では(26)の日本文はどうだろう。「焼いた」は、のんびり上を向いている文である。こちらは明らかに「虫の視点」のイメージそのものだ。「焼いた」では、そもそも何を焼いたのかを文に明示しなくてもいいのだ。前にも言ったように、「焼いた」という文自体が、実はもともと「過去」ではない。「焼いた」は「焼きて・あり」が変化したもので、「焼いた、という状態でそこにある」が原意なのだから、これは起源的には現在の存在文である。行為文ですらないのだ。つまり「焼いた」ことは事実だが、その結果どうなるのかまでは分からない。アスペクトとは今の状態であり、到達点には関心がないのである。「終わりのない道」がそこから果てしなく続いており、第一「虫の視点」のロウ・アングルからは、先まで見えないのだ。これでは「仕・留める」どころではない。文字通り「仕・方がない」のである。

格助詞「を」をめぐる疑問を解く

さてこれは「おまけ」だが、格助詞の「を」をめぐる積年の疑問もこれで解けた。つまり、「直接目的語」を表す「を」と、「移動の空間」を表す「を」は基本的に同じ発想のものだ、ということである。この二つを分類するのは、またしても英文法の悪い影響だ。確かに、現代英語では「直接目的語」と「移動の空間」はイメージとして結び付かない（ただし、古英語や現代ドイツ語にはそういう用法がある）。

これに対して、日本語では「炭を焼いた」（直接目的語）と「この道を歩く」（移動の空間）は結局同一のイメージである。ここまで読んでこられた方には、そのイメージが何かが明らかであると思う。「ある方向に向かって終わりのない道を進んでいく虫」のそれなのだ。

以上で第一章「『神の視点』と『虫の視点』」を終わる。他にも、三上章を師と仰いだ寺村秀夫《てらむらひでお》が発展、深化させたモーダル表現（話者の主観的表現）をめぐる分野があり、これも虫の視点で多くが説明できる。しかし第一章はすでにここまでで長くなってしまった。別の機会に譲ることにしたい。

第二章「アメリカよ、どこへ行く」では、本書を立体的な構成にする狙いで、しばし言語考察を離れる。言語の構造は、おそらく話者の意識しないレベルで、ミクロ的には個人の世界観や価値観、マクロ的にはある言語共同体の思考パターンや文化に影響を与えるであろうと思われる。そこで、現代社会、とりわけアメリカという国家と国民の振舞いを、第一章で述べた「視点論」から考察してみたい。英語話者に端的に見られる「神の視点」と、近年のアメリカの政治的外交的な選択との間には関連性が見られると思うからだ。アメリカの軍事・外交政策や、若者を虜にするビデオゲームの「文法」が、「する言語」英語の他動詞ＳＶＯ構文とそっくりな様子を、第二章で眺めてみることにしよう。

第二章　アメリカよ、どこへ行く

英語学習は地球環境を破壊する?

一九九〇年代以降、現代社会における英語の圧倒的優位に警鐘を鳴らし続けている言語学者に鈴木《すずき》孝夫《たかお》がいる。しかも鈴木の主張は年を追うごとにエスカレートして、ついに『英語はいらない!?』(PHP新書、二〇〇一年)では「英米、ことに米の人間の生き方考え方が、もう人間としては極限に来て、今や堕落、袋小路、脇道に入っている」ので「英語帝国主義に、日本人が加担してしまうことはこの上なく危険である」とまで言い切るに至った。ここまで鈴木を絶望させている理由は何なのだろうか。

それは人間一人あたりの消費エネルギー量が空前絶後の高さに至ってしまった、いわゆる「アメリカ人の生活様式(American Way of Life)」のせいである。鈴木は「アメリカ的な生き方を人類五十億が揃ってやりだしたら、地球の資源、環境すべてがあっという間に壊滅する」と予想する。私はまったく鈴木の意見に賛成である。そしてこうした自己中心で独りよがりな「アメリカ人の生活様式」と「英語の言語様式」は、おそらく並行していると私には思えるのだ。

鈴木がこうした方向での発言をし続ける背景には、近年国内で盛んに取りざたされてきた「英語公用語論」や、衰えを知らない英会話学校の人気がある。かのシーザーにたとえれば、英語教育もとうとうルビコンを越え、小学校まで下りてきた。

その一方で、確かにほとんどの日本人は英語の日常会話もおぼつかない。よく指摘されるように、平均的日本人の英語力、特に会話力はまことに不十分かつお粗末で、アジアの他の国とＴＯＥＦＬの平均点など比べてもどうやら劣等生組である。

この第二章において私は、日本人が短絡的に「英会話をマスター。これであなたも国際人」と捉えがちな風潮には、あまり自覚されていない危険性があることを指摘したい。英語を話すということは、単に日本語をそのまま直訳することではないのだ。あえて挑発的な言い方をすれば、それは一時的にせよ「人格を変える営み」なのである。どんな人格か、と端的に言えば攻撃的、自己主張型人間のそれである。上手くなればなるほど、日本人の美徳とされる「優しさ・思いやり」とは離れていく。英会話を勉強するなら、それぐらいは覚悟しておいてほしい。

「人格を変える」とは言っても、大人になってから習得した趣味としての片言の英会話なら、外から見た時の違和感はたかが知れている。反対に、これが日英バイリンガルの子供だったりすると、日本語を話す時は大人しいのに、英語に切り替えた途端、俄然《がぜん》「人が変わったように」自分の意見をはっきりと述べて自己主張する。こうしたカメレオンぶりは、カナダなどではごく普通に見られることである。慣れていない日本人旅行者などには相当ショックを与えるようだが。

「米語の悲劇」

自分の専門でもない政治的な考察にひとつの章を充てて本書に取り上げようという気になったそもそものきっかけは、『月刊言語』の二〇〇三年二月号の「米語の悲劇・大阪弁の喜劇」という題の面白いエッセーである。筆者は伊藤千尋《いとうちひろ》。朝日新聞ロサンジェルス支局長である。伊藤は「米語が世界の共通語として使われるのは現代の悲劇ではないか」と思っている。その理由として伊藤は次の二点を挙げる。

まず第一点。他の言葉、例えば、外国語好きの伊藤がこれまで学んだルーマニア語、スペイン語、ポルトガル語、カタルニア語と比べて、米語ははるかに学びにくいと言う。米語と違い、これらの言葉は何よりも「書いてある通りに発音すればいい」

のが学習者にとっての福音だ。それにスペイン語ができたらイタリアでも困らない、と伊藤は断言する。

これに比べて、米語の発音はどうか。伊藤が目下住んでいるロサンジェルスの自宅でテレビを見ていると、画面にコヨーテが出て来た。コヨーテ、あの狼のような野生動物だ。伊藤は当然ナレーターの語りに「コヨーテ」という言葉を期待してテレビを見ている。ところが「ココーテのコの字も言わない」。なぜか。米語では「COYOTE」と書いても発音は全然違うからである。伊藤は、どうやら何度も登場するカイオリというのがCOYOTEか、と遅まきながら気付いて苦笑するのである。なるほど。コヨーテとカイオリでは、これはかなり違う。

「米語を世界の共通語とすべきではない」と朝日新聞ロサンジェルス支局長が主張する第二の理由はさらに深刻で、言語を越えて政治的地平にまで及んでいる。「米語を話す人間は攻撃的になる」と言うのだ。これは私が『謎を解く』で指摘したことである。もちろん、あくまでも傾向であって、攻撃性の個人差は大きい。また、同じ英語でもイギリスやカナダでは雰囲気が違う。男女の差もある。後に見るように方言ではまた違う。私が最も攻撃性を感じるのは米国の白人男性のそれだ。伊藤が英語と言わないでわざわざ「米語」としている理由もそこにあるのだろう。

米国に住んでいるがスペイン語も達者な伊藤は、よく中南米を取材で訪れる。つまり米語とスペイン語をどちらも話すのだが、「使用言語そのものの威力」を感じると言う。米語では口の周りの筋肉をしきりに動かし、口調は必然的に攻撃的になる。一方、スペイン語は口先に力を入れずに話す。このために「軟弱かつ協調ムード」になるので、スペイン語は「恋を語るにはいいが、対決には向かない」。仮にも朝日新聞ロサンジェルス支局長が、読者の知的レベルの高い月刊誌という公器を使ってこうした意見を堂々と述べるとは本当に驚いた。よほどの思いの丈《たけ》だったのだろう。「やがて米語が世界語として普及し尽くしたとき、世界の人間は攻撃的となり騒乱はさらに増すのではないかと推察される。そのとき、世界の人々の顔つきも攻撃的に変わるのだろう」とまで書くのだから、伊藤の憂鬱と心配は募るばかりの様子である。

二〇〇三年に、国連の合意を得ぬままにアメリカのブッシュ政権はイラク戦争に突入したが、参戦した三つの国がアメリカ、イギリス、そしてオーストラリアと、揃いも揃って英語圏であった。これは果たして偶然だったのだろうか。私には、まんざらそうとも思われないのである。アメリカからの大変な外交圧力に抗して参戦を断固拒否した仏語系カナダ人のクレチアン首相は地元である当地ケベック州で大いに株を上げたものである。因みに、このクレチアン氏の英語には母語フランス語の訛りが強く、「史上最も英語が下手なカナダ首相」としても有名だったが、その個人的魅力から一〇年を超える長期政権を担った。アルバータ州など、保守的な西部州は強く参戦を訴えたが、無原則、無定見に、ただ米国がやるから同意するというのではカナダ政府の主体性も何もない、と答えたのは立派だった。どこかの国に聞かせたい台詞ではある。こうした政策と、英語という言語の構造に共通点があることを、これから指摘していこう。

日本語が「神の視点」を持つ時

「する言語」の話者が「神の視点」から話す場合と、「ある言語」の話者が「虫の視点」から話す場合を比べると、前者が他動詞文を使う傾向が強いことはすでに第一章で見た通りである。

V・クレムペラーの『第三帝国の言語〈LTI〉』は、ナチス支配下のドイツ語に多くの（接頭辞 ent- を含む）他動詞が作られ、使われたと報告している。多くは分離／選抜／隔離を意味する動詞で、entdunkeln（暗幕を取り除く）、entrümpeln（屋根裏のがらくたを取り除く）、entbittern（木の実の苦みを抜く）の例が挙がっている。

これで思い出すのは、渡部昇一《わたなべしょういち》が名著『日本語のこころ』で指摘した、日本語における漢語と和語の使い分けである。気持ちが外向きで攻撃的になっているほど、日本人は漢語を使うと言うのだ。つまり「ある言語」である日本語も、状況によっては「分かる」ではなく「理解する」を、「見える」ではなく「目撃する」を、「要る」ではなく「要する」を使うわけだ。言うまでもなく、これらはすべて自動詞が、漢語を使う「する動詞」で他動詞化される例である。

優しい気持ちになっている時に、ふと口をついて出て来るフォークソングやわらべ歌、演歌や民謡の歌詞には「理解する」も「目撃する」も「要する」も現れないだろう。言語は思考や行動の型（パターン）に影響するが、同じ言語でも使い方によっては揺れがある、ということだろう。なお、誤解を避けるために言っておきたいのだが、本章で考察するのは、あくまでも行動に対する「母語影響論」であって「母語決定論」ではない。

実に興味深いことに、演歌、民謡、フォークソング、童謡など日常生活と密着した歌では和語が圧倒的に使われるが、軍歌や旧制高校の校歌や寮歌には漢語がちりばめられると渡部は指摘している。これを読んだ時は、目から鱗《うろこ》が落ちる思いだった。なるほど攻撃的と言えば軍歌よりいい例はないだろうし、旧制高校の校歌や寮歌には一般大衆（常民）を見下したようなエリート主義の匂いがただよう。「見下す」とは自分を「神の視点」におくからだ。その最も顕著な例は、と言えばやはりあの第一高等学校寮歌「嗚呼《ああ》玉杯に花うけて」（矢野勘治作詞・楠正一作曲）をおいてない。同じ日本語でも、この歌詞などは明らかに「する言語」の発想のものと言えよう。一番のみ掲げる。ご丁寧にも五行目以外はすべて漢語が入っている。「栄華の巷低く見て」や「そそり立つ」に「神の視点」を感じ取っていただきたい。

嗚呼玉杯に花うけて
緑酒に月の影宿し
治安の夢に耽りたる
栄華の巷低く見て
向ケ岡にそそり立つ
五寮の健児意気高し

さて、この歌詞にはもう一つの面白い事実がある。それは第一章で述べた「名詞修飾節」に関してだ。この一番の歌詞だが、一度歌を聞いただけではよく分からない。

漢語のせいもあるが、語彙は分かったとしても甚だ難解である。その最大の理由は名詞修飾節の存在だ。「嗚呼玉杯に花うけて」と始まって、誰が「花をうけて」いるのかが、分からない。その後進んで、「治安の夢に耽りたる」も誰なのかが分からない。四行目になって、「花をうけ」たり「治安の夢に耽」ったりしているのが、やっと「栄華の巷」と知れる。すると、ただちにその「栄華の巷」を「低く見て」と続くから、また分からなくなる。五行目には「そそり立つ」で解答はさらに先送り。やっとこさ最終行に「五寮の健児」が登場というシナリオである。

末は博士か大臣か、のエリートだから真打ちを出し惜しみしているのだろう。こういう歌をクラブの運動部の飲み会などで東大生が放歌高吟していると、どういう精神のエリートが卒業して社会に出て来るか、想像がつくというものである。

歌詞の分析に戻ろう。この六行詩には、長大な「名詞修飾節」が入っている。しかもその節は二重構造になっている。一部、言葉を補いながら書くと、最初の節は「玉杯に花をうけて緑酒に月の影を宿しながら治安の夢に耽っている栄華の巷」。次の節は、最後の「栄華の巷」を蝶番《ちょうつがい》として「栄華の巷を低く見て向ケ岡にそそり立っている五寮の健児」である。この際だから、二つをつないでみようか。次のようになる。

玉杯に花をうけて緑酒に月の影を宿しながら治安の夢に耽っている栄華の巷（、それ）を低く見て向ケ岡にそそり立っている五寮（、そこ）の健児

これは第一章で見た名詞修飾節の例「子供たちにいじめられている亀」どころではない複雑さだ。アメリカ独立宣言の「自然法と、自然を創った神の法が、彼らに当然の権利として認める、分離した平等の地位」さえ凌《しの》ぐかも知れない。ああ堂々の肩凝り、と言えよう。典型的な「神の視点」の文で、その発想はおそらく英語文である。つまり「劣等感の裏返しとしての優越感」なのだ。「発見の旅」に出た虫も、この双子山ならぬ二重山の高さは手に負えずに、文末まで行かないうちにヘタッてしまうのが落ちだろう。

一方、山の高さなど見えもしない「神の視点」からなら、これはかえって理解しやすい文だ。「主語」らしき「健児」もちゃんとあるのだから、英訳もこのままの直訳でいいし、ラガナ氏だってウロウロせずに理解できるだろう。一応、図を描いて、この瘤の異様な高さを観賞してみるとしよう（図18）。この高さは、これを歌って悦に入る東大生の鼻の高さといい勝負だ。「見下す」には「見おろす／見くだす」と二つ

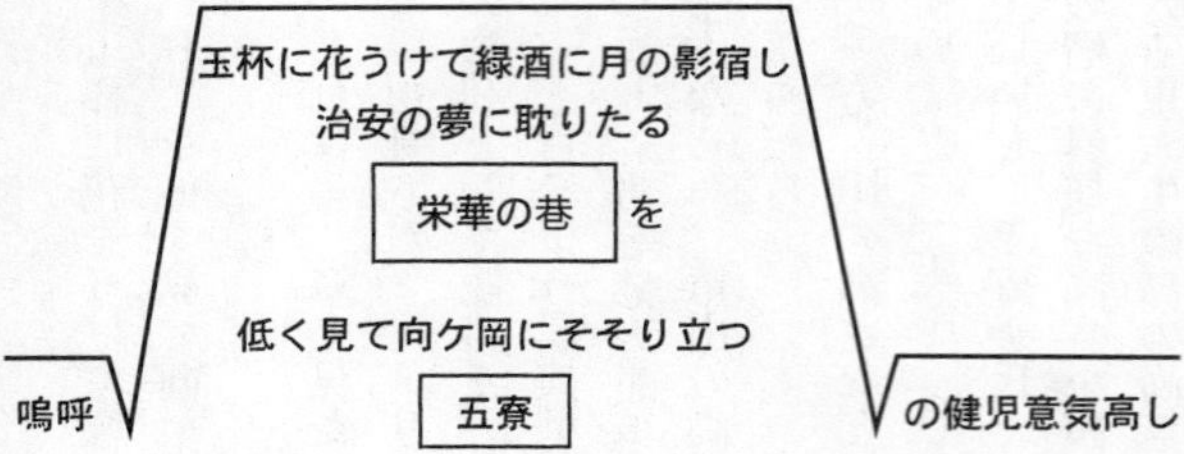

図18

の読みがあるのもむべなるかな。「見おろす」を「見下ろす」と書くのは、「見下す（みくだす）」と区別するためにすぎない。

旧制一高の寮歌「嗚呼玉杯に」で、虫は「散歩」ではなく「登山」させられる。もっとも「健児」に先行する修飾部分を全部取り去ると、文としては実に簡単。「嗚呼、健児意気高し」だ。何のことはない。「ああ、健児は意気が高い」なら「象は鼻が長い」と同じタイプのごく簡単な文で、虚仮威《こけおど》しとはこのことである。このタイプの文を「象鼻文」というが、それが日本語では実にありふれた文であることは『主語はいらない』に詳述した。要するに、これはエリート主義と攻撃性に溢れ、庶民を「神の視点」から見下ろしているものの、その裏は西洋に対する劣等感である。

さて、次節からはしばらく私の個人的な体験を述べてみたい。話の流れから外れると訝《いぶか》る方もいるかも知れないが、「神の視点から対象を一気に仕留める」というイメージから急に古い記憶が蘇ってきたことである。しばし想い出話におつき合い願いたい。正直、それをここで書くことが果たして適切なのかどうか、ちょっと迷った。しかし、思い切って書くことにしよう。もし不適切であれば読者の批判を仰ぎたい。

モントリオール大学の惨事

それは世界中に報道された大惨事についてであり、私が身近に体験したことでもある。私がモントリオール大学で教え始めた翌年の一九八九年一二月六日に、この思い出すも忌まわしい事件は起きた。一人の男によって、モントリオール大学工学部の学生が一四名も惨殺されたのである。さらに衝撃的だったのは、犠牲者が全員女性だったことだ。それも偶然ではなく、犯人が意図的に女性ばかりをわざわざ「選抜」して標的にした。読者の皆さんの遠い記憶にもあるかも知れない。モントリオール大学の名前がこれほど世界中のメディアで取り上げられたことは、それ以前にもそれ以降にもない。大学にとってはまことに不名誉なことである。

思い起こせば、その日は水曜日で夜のクラスがあった。息を切らして教室に遅れて入って来た学生が「先生、何かあったみたいですよ。パトカーがそこに何台も来てます」という。多少気にはなったものの普段通りに授業を終わり、教室を出るとなるほどパトカーが集まっている。パトカーだけではない。テレビ局や新聞社、そして野次馬でキャンパスは蜂の巣を突ついたような騒ぎなのだ。野次馬の一人に「何ですか、この騒ぎは」と尋ねると「どうやら猟銃をもった男が教室で乱射して、学生に死亡者が出たらしいよ」と教えてくれた。時間がゆったりと流れ、すべてがのんびりとしたカナダでの信じられない凶悪事件の発生に恐れをなして、私はキャンパスに留まることもなくただちに帰宅した。

すべてが終わった後で、事件の全貌が明らかとなった。様子が詳細まで分かっているのは多くの生存者の証言と検死官の報告のためである。あらましを簡単に述べよう。

父親がアルジェリア人、母親が仏語系カナダ人のマルク・レピンという二五歳の男が犯人である。出生時はアラブ系の名前だったがレピンがまだ幼い時に離婚した母親がフランス語風に変えている。自動小銃をマントの下に、狩猟ナイフを内ポケットに忍ばせたまま、レピンがモントリオール大学工学部の建物に入ったのは、夕方の五時を少し回った時刻である。工学部の建物は私が教えていた建物のすぐ近くにある。まずレピンは二階でコピーをとっている女性事務員を射殺。これが五時一二分である。

その後はひたすら「女子学生のいる」教室を物色してのし歩く。工学部の学生は男子の方がずっと多いのだ。そして階段教室、C—230・4を選んだ。男性四八名、女性九名が授業中である。階段教室とは、古代ローマの劇場のように、教壇と黒板が一番下方にある擂《す》り鉢《ばち》のような形の教室だ。レピンは上方の、教壇を見下ろすドアを開けて入り、マントの下から小銃を取り出す。そしてこう叫んだらしい。「皆、よく聞け。今していることを止めろ」。

黒板の前で発表をしていた男子学生が答えた。「趣味の悪い冗談か。授業中だぜ」。レピンは物も言わず自動小銃を天井に向かって一発ぶっ放す。教室は大混乱の恐慌状態に陥った。レピンはもう一度叫ぶ。「騒ぐと撃ち殺すぞ。男と女に分かれろ」。抵抗は危険と察知した学生は、言われた通りに二つのグループに分かれた。次は男性グループに命令だ。「よし。お前たちは出て行け」。教授（男性）と四八名の男子学生は、教壇脇のドアから蜘蛛の子を散らすように走り去った。レピンは九名の女子学生だけ残ったことを確認した後、正面の黒板を背に一列に並ばせる。それが終わるとレピンはこれから始めようとしている行為の理由を大声で叫んだ。「俺は不幸だ。俺の不幸は、お前たち、女のせいだ」。

恐怖のどん底から勇気を振り絞って「落ち着きなさいよ」とレピンを止めようとし

た学生が一人だけいた。しかしその声は、銃声にかき消される。階段教室の下方に一列に並んだ九名の女子学生に向かって、レピンは上方から銃殺刑のスタイルで乱射を始めたのである。九名に撃たれた銃弾は実に三〇発。悲鳴と絶叫の中で、次々に女子学生が倒れていく。全員が撃たれ、うち六名が絶命した。レピンは次の獲物を求めて教室を出る。先ほど制止しようとした女子学生は、重傷を負いつつも一命をとりとめる。その頃、私はそのすぐ近くで教壇に立っていたのである。その夜のことは死ぬまで忘れないだろう。今も、書いていて震えが止まらない。

レピンは、階段を一階のカフェテリアまで駆け降りる。多くの学生の「逃げろ！」の声で人が逃げ去る中、ウォークマンで音楽を聞いていた不幸な女子学生を射殺。彼女だけ「逃げろ！」の声が音楽で聞こえなかったのだ。カフェテリアの椅子に座って仰向けに死んでいる、耳にウォークマンをつけたままの女子学生の姿が翌日の新聞の一面を飾った。建物の中に入れないカメラマンが戸外から望遠レンズで捉えた、唯一のスクープ写真である。

レピンは次にエレベーターに乗り、三階で降りた。邪魔にならない限り、男性には銃を向けない。「Je veux les femmes!」「Où sont les femmes!?」（「女に用があるんだ」「女はどこだ」）と叫びながら三階を走る。途中さらに女性二名を射殺した。三階の311番教室を覗《のぞ》くと女子学生が見えた。教室に入り、レピンはここでも同じ儀式をする。男と女を分け、男を追い払い、女だけを銃殺。311番教室でさらに三人が殺された。

惨事の終わりとその後

なぜ私がここでこんな残酷な話を突然始めたのか、読者は不思議に思われるだろう。指を折りながら犠牲者はこれで合計一三名。あと一名残っている、と数えていた方もいるかも知れない。実はこの事件のことを書いた理由は、その一四人目の犠牲者と関係があるのだ。

犠牲者のうち、射殺されたのは一三名で、一四名ではなかった。311番教室で撃たれた息も絶え絶えの女子学生が、教室の前方の机の下に倒れていた。その女子学生が大声で救いを求めたのである。これが不幸だった。レピンがまだ教室にいたからだ。すでに一三名を殺害し、他の数名に重傷を負わせていたが、その声を聞いたレピンは数名が血の海の中に倒れている所まで、まだ弾の残っている銃を抱えて「机の上を渡り歩いて」行く。そして、撃たれてうめいている学生の横に降り立った。彼女が一四人目の犠牲者である。レピンは、ふと思い付いたようにポケットからナイフを取り出し、この学生を三回刺した。最後の犠牲者だけは銃殺ではなく刺殺だったのである。そして殺戮《さつりく》は突然終わった。救いを求めた男子学生が警察に電話し、救助の警官がこの凶悪犯を射殺したのではない。警察が教室に駆け込んだ時にはすでにすべてが終わっていたのである。一四名の犠牲者と、レピンの死体が発見された。レピンは一四人目の学生を刺殺した後で、「わけの分からない叫び声を上げて」、それから小銃を自分に向けたのである。最後の銃声が階段教室に響いたのは五時三七分。レピンが最初の女性を血祭りにあげてから僅《わず》か二五分後であった。悲劇は終わり、工学部の建物に静寂が戻った。

犯人レピンはなぜ自殺したのか。最後の犠牲者をナイフで殺した瞬間に、彼は突然我に返ったのではないかと私は思う。射殺と刺殺の違いはそこにある。人を刺し殺すには、何よりも相当の力が要る。そして、血が吹き出し、相手の痛みが、生き生きと、ありありと分かる。一方、遠くから銃で殺す時、力は要らない。相手の叫びやうめきや血の匂いもしない。恐怖に震えた相手の表情も見えない。

今にして思えば、レピンは「神の視点」から乱射を始めたのだ。殺戮の行われている状況から離れた位置から、乱射を始めた時、レピンの頭にあったのは、おそらく「何人殺せるか」だけだったろう。殺される女子学生は、顔も声も、ましてや気持ちも持たない、単なるモノでしかなかった。モノと化した一三名の女性の、それぞれの二十数年の「時間」が一気に失われた。

しかし、一三名まで「仕事」を終えて、レピンがとった行為は「虫の視点」まで下りて来てナイフを使うことだった。そして自分の犯した罪の重大さを、一四人目の犠牲者の絶叫を聞き、匂いを嗅ぎ、血の色を見て知るのである。これが、レピンの上げたわけの分からない叫び声と、銃を自分に向けたことの理由であったろう。恐ろしいことに、弾倉にはまだ弾が六〇発も残っていたのだった。こうして見ると、これ以上の犠牲者が出なかったのは、レピンが「虫の視点」へと下りて来たためだと言えるのではないだろうか。

後日談を言えば、レピンの不幸の理由も、恐るべきセクシズム（女性蔑視）、いや実は女性恐怖も、精神分析医や心理学者など専門家が明らかにした。レピンはアルジェリアからの移民で妻や子に暴力を振るう父親を持ち、両親も小さい頃に離婚していた。彼の学校の成績は優秀だった。しかしすぐに「キレ」てかっとなり、突飛な行動をする人物だった。

過去にカナダ軍への入隊を断られたのも「情緒不安定」が理由である。過去に付き合った女性もいたが、どれも長続きしなかった。どの女性にも短期間で去られている。事件前にモントリオール大学工学部への入学申込みも拒否された。それ以来絶望したのか、仕事も探さずにアパートで戦争映画とビデオゲームに一日中ふけってい た。自分を不幸と思い、それを彼は「男の世界に女が入って来たからだ」と勝手に解釈した。レピンにとってカナダ軍や大学の工学部は男の世界でなければならなかった。一人で住んでいたアパートの部屋からは「こいつらを殺す」と書いた一九名のヒットリストが事件後の捜索で発見され、そこに自分の名前が書かれていた多くの者を震え上がらせた。自分が殺されていたかも知れなかったのである。全員が様々な分野で活躍するリーダーばかりだった。もちろん、男性は一人もいなかった。

この惨事にも、後日救われるニュースがあったことを最後に報告しておこう。まず、モントリオール大学工学部学生の女性の比率が、この事件の後、減らなかった。いや、むしろ逆で、女性の比率が増加した。また、レピンの両親のプライバシーが守られた。悪いのは罪を犯したレピン自身であって、家族ではない。「優しい国」カナダでは当然のことだが、「親を市内引き回しの上、打ち首にしろ」などという馬鹿な大臣もいなかった。

レピンの生い立ちが明るみに出るにつれて「彼は彼で不幸な人だった」と一種の同情をもってコメントする人が次第に増えていった。その「許し」を最初に口にしたのが、何と撃たれる直前に「落ち着きなさいよ」とレピンをたしなめた唯一人の学生だったことも大きく報道された。また、恐怖のあまり我先に現場を走り去った多くの男子学生も批判されなかった。ただ、自分の勇気のなさを恥じたのか、男子学生に自殺者が一人出た。

さらに朗報があった。遺族を中心としたロビー活動が実を結んで、猟銃を含む銃の規制がカナダ国内で一段と厳しくなったことだ。

これらはすべて、いかにもカナダらしいニュースで、多くの人の傷が癒やされた。私もその一人である。事件の数日後、大学本館で行われた大学葬のために、雪の降りしきる中を何百人という弔問客が長い列を作った。私も妻と一緒に並んだ。卒業試験を直前に控え、エンジニアになる寸前だった一四名の優秀な女性たちは、正気を失った一人の不幸な男の前に命を失ったが、命と引き替えにカナダ社会の成熟と発展に大きく寄与したのだった。

これ以降、一二月六日か七日には毎年「一四人を偲《しの》ぶ会」が催される。モントリオールだけではない。トロント、バンクーバーをはじめカナダの大きな街で一斉にである。そして「完全に銃のない社会」を政府にアピールして静かにデモ行進するのだ。男も女も歩く。「優しい国」カナダらしい姿である。この「許し」と「癒やし」の国なら骨を埋めても悔いはない、と私は思っている。

ゴッド・モードという「神の視点」

筆者の個人的体験とはいえ、いささか過激なエピソードだったかも知れない。しかし、世界各地にアメリカの戦闘機が飛んで行って、空爆をする様子を見ていると、三〇年前の出来事がまざまざと蘇って来るのである。逃げまどう民衆の顔も声も聞こえない「きれいな戦争」をテレビが映し出すのを見ていると、戦闘機パイロットと、あの日階段教室の上方から乱射したマルク・レピンのイメージが重なる。

マルク・レピンはビデオゲームにハマっていた。モントリオール大学での惨事からちょうど一〇年後の一九九九年にはコロラド州コロンバイン高校で乱射事件が発生した。二人の高校生が発砲し、一二人の生徒と一人の教師を殺害し、二三人を負傷させた後、自殺した事件だ。ここでもまた事件後、犯人の二人がビデオゲームの熱狂的ファンであったことが判明した。いずれの場合も、ジョイスティックと呼ばれるゲーム用操縦桿が暴力の引き金となっているわけである。

コロンバインの事件が起きて一年後、『ジャーナル・オブ・パーソナリティー・アンド・ソーシャル・サイコロジー』誌の二〇〇〇年四月号に掲載された研究報告が興味深い。冒頭はこう始まる。ハリスとクリーボールドというのは二人の犯人の名前である。

ハリスとクリーボールドはかつて残虐なシューティング・ビデオゲーム『Doom』を好んでプレーしていた。『Doom』は効果的に殺害を行うための訓練用に、米軍が使用を認めたゲームだ。（傍線は金谷。以下も）

シューティング・ビデオゲーム。射撃ゲームとは言うが、ヴァーチャルながら標的は人間なのだからむしろ殺人ゲームと言った方がいい。しかもこの二人はこのゲームを自分たちの好みに合わせてやり方を選び、「予備の武器と無尽蔵の弾薬を持った二人の射撃手と、反撃ができない敵たちだけが登場する」ようなヴァージョンをわざわざ選んでいた。「反撃ができない敵たち」の設定に驚く。しかも「火山や湖を出現させ、好みの地形をつくったり、都市に洪水やロボット来襲事件といった災害を起こすことが可能」であるゴッド・モード（無敵状態）で熱中していたとある。

最後にキーワードが出た。ゴッド・モード（God mode）とはまさに「神の視点」である。ゲームの名前「Doom」も「（神の下す）最後の審判」であることは言うまでもない。少年たちは「神の視点」から「予備の武器と無尽蔵の弾薬」で乱射するが、撃たれる側とは「反撃ができない敵たち」なのだ。ゲーム中握っている操縦桿をジョイスティック（joystick）と言うのは、まるでブラック・ユーモアである。人を殺して楽しめというわけだ。さらに空恐ろしいのは、こうしたゲームを、殺害の訓練用に米軍が使用を認めているという報告である。

　この報告書はミズーリ・コロンビア大学心理学部の支援を受けて行われた研究調査の結果だが、「暴力的なビデオゲームが攻撃的行動と非行の双方を助長する」という結果が示され、「コロンバイン事件の要因のひとつは暴力的なビデオゲームだ」と結論づけている。さらには「男性は女性よりも世界に対して敵対的な考えを持っていた」と述べられていることも興味深い。今回問題となったビデオゲーム「Doom」を作ったのはアメリカのイド・ソフトウェア社という会社だが、ここでは他にも暴力的なシューティング・ゲーム（射撃ゲーム）を作っているという。そもそもイド・ソフトウェアという名前が暴力ビデオにぴったりの命名である。ご存知のように、イド（id）とはフロイトの精神分析用語で、こう定義されるものだからだ。

精神の奥底にある本能的エネルギーの源泉。快を求めて不快をさける〈快楽原則〉

に支配され、無意識的で、リビドーの欲求満足を目的とし、非道徳的・非論理的で、抑圧された観念を含み、すべて人類が過去に（系統発生的に）獲得したものをもっている。（『岩波小辞典：心理学』）

ここに見る、「快を求める」という表現と「joystick」はぴったり一致する。そして、読者はすでに、英語の他動詞文の構造と「ビデオゲームの文法」が、これまたそっくりであることに気付かれただろう。状況から身を離して「神の視点」を持った話者が、生き生きとした現実から主語（主体）と対象（獲物／客体）を探し出し、対象から歴史（時間に沿ったコト）を奪ってモノと化し、それを「仕・留める」のが英語のSVO構文なのだった。「一気に見下ろすために広角化した」神の視点からは、地上の生き生きとした現実の「臨場感」は伝わってこない。マルク・レピンが一三名まで「一気に」射殺できたのは、何よりも彼女たちの「痛みを感じなかった」からなのである。

母語の文法がこうしたビデオゲーム・ソフトの開発に影響を与えていないと果たして言えるだろうか。ハリウッド映画を見ても、その暴力性は年を追うごとにエスカレートするばかりである。同じ印欧語族の国でも、「優しさ／人間の弱さ／愛」を感じるのは、はるかにフランスやイタリアの「足が地についた」映画の方に多い。監督がジョイスティックを握っているような映画が毎年ハリウッドを中心にこれでもか、これでもか、と量産される。それがまた大当たりするから、さらに増える一方だ。一体、アメリカはどこへ行こうとしているのだろう。アメリカと英語に日本の若者たちが無批判、無邪気に憧れることが私にはかなり怖い。

空爆と空襲は視点の違い

マルク・レピン事件から一〇年ほどたった当時、アメリカでジョイスティックを握っていたのはブッシュ大統領である。圧倒的な軍事力をもって単独行動主義（ユニラテラリズム）に走ったブッシュ政権は、国際法や国連憲章を軽視、無視して国連安全保障理事会の合意のないまま、「攻撃をしかけていない国」を攻めた。「反撃ができない敵たち」を、神がかりの大統領が圧倒的な軍事力で、効果的に殺害を行うためにビデオゲーム「Doom」で訓練を受けたパイロットが空爆した。まさに「ゴッド・モード」である。ブッシュ政権とその支持者にあるイメージは空爆のみで、空襲ではないのだろう。

空襲とは、同じ状況を「虫の視点」から見たものである。第一章で紹介したジャーナリスト本多勝一はベトナム戦争当時に『殺す側の論理』と『殺される側の論理』という別々の本を書いたが、これはまさに「空爆する側」と「空襲を受ける側」を視点論で分けたものである。特派員本多は地上で「殺される側」にいた。つまり「虫の視点」で記事を書いていたのだ。

9・11テロ事件以降、池澤夏樹がアフガニスタン攻撃とイラク戦争をインターネットで報告している。その『新世紀へようこそ』は、やはり本多同様に「空襲を受ける側」の視点である。9・11テロ事件がアメリカ国民に与えた甚大なショックは分かる。しかしその後にアメリカ政府が取った行動は、端的に言って「誰」がこの事件を起こしたのか、その「下手人探し」だけであったのには驚いた。誰かが我々を攻撃した。だから我々はその「誰」かを明らかにして反撃する。

これは他動詞文そのものの発想である。だが、その反応で問われていない大切なことがあった。それは「なぜ」という問いである。なぜ、アメリカはテロ攻撃されたのか。これは「神の視点」からは出てこない問いなのだ。「なぜ」はモノ（物／者）ではなく、コト／事であるからだ。そしてコトには時間が入ってくる。テロリストたちのアメリカに対する恨み、敵愾心《てきがいしん》は長年の積み重ねなのだ。それは現場の、地上の、「虫の視点」からしか見えてこないものなのである。

参戦の三ヵ国が揃って英語の国であったことは、私はあながち偶然ではないと思う。

そして、この「英語帝国主義に、日本人が加担してしまうことはこの上なく危険である」という主張にも耳を傾けるべきである。辻谷真一郎が『学校英語よ、さようなら』の最後に書いている「私がこれからしなければならないことは山ほどあります。基本的にはアメリカ中心の世界観、英語中心の世界観と戦うことです」という言葉を我々は見習うべきである。

子供たちはなぜキレるのか

私は以前から「キレる」という言葉を使っていた。しかしそれは、頭脳明晰な人物の意味だ。例えば三上章の著作など読んでいると「うーん、キレる」と唸《うな》って本を置くことしばしばだ。剃刀《かみそり》のようにシャープで、文字通り「頭のキレ」がよく、まさに快刀乱麻、どんな難問も解くというイメージだ。

しかし、今の日本で流行っている「キレる」という言葉は違うことを知った。いわゆるプッツン。これはキレる時のオノマトペアだろう。堰《せき》を切ったように突飛な反社会的な行動を起こすことを言うらしい。しかもその堰の高さが段々低くなってきている。『子どもたちはなぜキレるのか』という話題作もあるそうだ。マルク・レピンも、事件を起こす前に「キレる」ことで注意をひいていたという。本当に、子供たちはなぜキレるのだろう。

まずどんな人たちが（この二番目の意味で）キレないかを考えてみたい。私は、お百姓さんたちが、典型的に「キレない」人たちだと思う。なぜか。お百姓さんたちは「待つ」からだ。待たないで苗が伸びるのを助けようと引っ張り、枯らしてしまった中国の故事が「助長」（『孟子』公孫丑《こうそんちゅう》）の語源である。

種を蒔《ま》き、あるいは苗を育てて植え、雑草を取り、慈雨を待つ。作物の生長をひたすら待つ。農民にとって作物を「育てる」とは、自然に働きかけて、蒔いた種を何倍にも増やしてもらうことなのである。それは対等の相手との交換ではない。自然という圧倒的な力を持った優位者から「虫の視点」で恵みを授かる営為なのだ。台風が来ても、冷害のために作物がやられても、お百姓さんたちはキレない。それは受け取る恵みの大きさに比べれば取るに足らないことだからだ。自然こそが、神の視座にあるべき存在なのである。

農民にとって、自然とは「生成された静的自然」ではなく「生成する動的自然」だ。この二つが序章で見た「natura naturata」と「natura naturans」にそれぞれあたるものである。自分たちは豊穣の神々に感謝しつつ地上で黙々と働く。四季の移ろいとともに、時間がゆっくりと流れていく。日本語の話者が今日でも「虫の視点」を保持しているのは、おそらく、民族としての農耕、それも稲作農民の記憶の蓄積なのだと思う。我々はそれを忘れてはいけない。

また、女性と男性を比べるなら、全体として、女性の方がキレないだろう。キレて犯罪を起こすのはほとんどが男だ。これまた女性は自然に身をまかせて「待つ」ことを知っているからであろう。「父なる神」と「母なる大地」のイメージ対立もむべなるかな。月満ちて子供が生まれて来るのも、こうして「待つ」女性のおかげだ。伝統的な日本的感覚では、子供は意図的に作るものではない、自《おの》ずから授かり、子宝に恵まれるのである。戦時中の「生めよ増やせよ」は国威発揚という異常なご時世下での「他動詞化」であったろう。

子供たちが、いや大人でも、都会に住む現代人がキレやすくなったのは「待てない」からだ。歩いているのか、小走りなのか分からない都会の生活は、時間との勝負だ。家でも学校でも褒められるのは、何よりもテストの成績がいい子供である。マルク・レピンも成績が良かった。試験も時間との戦いだ。長時間自分で考えるゆとりはない。記憶力と勘を頼りに即答で問題をこなしていく。テレビのクイズ番組を見てほしい。

即答力、これは時間との戦いである。ビデオゲーム、これも同じだ。敵を何人殺すか、これと、テストで誰が一番早く一番多くの正解を「ゲットする」か、は同じ発想なのだ。受験体制を背景に、次第にコトを考えずモノだけを意識する短絡思考がこうして作られていく。大学生は先輩が後輩に「一気飲み」という愚かで危険極まりないことをやらせる。近年よく耳にした「ゆとりの教育」の掛け声は、実はゆとりの欠如を物語っている。

帰国するたびに驚くのは、電車や地下鉄で見かける子供たちである。小学生も中学生も疲れているのだろう、寸暇を惜しんで眠っている。座っている子はもちろん、立っている子も目を閉じている。カナダではあまり見かけない光景だ。長年小学校校長だったカナダ人の妻が「今日は何かあったのかしら」と聞く。「いや、毎日こうなんだよ」と答えるしかない。学校、クラブ、学習塾、予備校と時間に追われる子供は可哀想だ。待つことを忘れ、時間があるとゲームセンターに通う子供たち、特に男の子たちは、これからますますキレるようになるだろう。

我慢強さ、ねばり、辛抱といった農耕民族特有の長所は次第に薄れていくのではないか。現代日本では、学校で成績の良い「キレる」生徒と、短絡思考で暴力に走る

「キレる」生徒は次第に近づいて行くような気がする。これは何よりも有名校と「一流大学」を目指す成績至上主義の弊害である。こんな状況では、自分の頭でじっくり時間をかけて考えるような若者は育たないのではないか。そんな気がして私は祖国の将来を案じている。

二元論は「神の視点」の特徴

白か黒かの即答主義を二元論と言う。9・11事件が起きた当時、大統領だったブッシュ大統領が得意とする善悪二元論ほど、典型的な「神の視点」から発せられる世界観はない。読者にもよく考えていただきたい。「この戦いには、中立の立場というものはない」とブッシュは断言したのだ。日本人は感覚的に、こういう立場に違和感を持つのが普通だ。

先にも書いたが、「虫の視点」を持つ日本人には、濃淡の違いはあれ、すべては灰色で、白か黒の世界ではない。九鬼周造であれば、ブッシュ的言説には即座に「野暮」と答えるに違いない。

「現代アメリカ文化とは何か」と聞かれたら、何を思い浮かべるだろうか。上位にハリウッド、マクドナルド、プレスリー、ディズニーランドあたりが入ってくるような気がする。どれを取っても野暮の骨頂だが、こんなものに日本人が憧れてどうするのだろう。例えばマクドナルドのビッグ・マックは材料からレシピーまで仕様が決まっていて世界中で同じ味がする。つまり他の民族の「食文化」を押しつぶしながら世界に市場拡大しつつある。「待たない」ことが売り物のファースト・フードを普遍的価値のあるものとして世界中にばらまかれてはたまったものではない。まさに世界は「マクドナルド化」されようとしているのである。

少なくとも、村人（安全保障理事会）がこぞって反対しているのに、気に食わないからと言って子分（英国と豪州）を引き連れて遠く離れた村（イラク）に火を付けに鉢巻き締めて出向くガキ大将（米国）よりはずっといい。日本文化を「村の論理」と決めつける学者や知識人が多いが、世界はまさに「地球村」となりつつあるのだ。地球を守るための平和共存の知恵は、むしろ村人一人一人の顔が見える「村の論理」にこそあると言うべきである。

私が日本に期待している理由の一つは、銃と麻薬に対する規制が先進国の中でもトップクラスに厳しいことだ。旧聞に属するが、あのポール・マッカートニーを大麻の不法所持の廉《かど》で留置しコンサートをキャンセルさせた国が日本である。アメリカと比べれば安全な国カナダも、日本にはかなわない。教え子が感激するのも、日本が清潔で安全で機能的であることだ。広島の平和公園まで行って衝撃を受け、普通の日本人の優しさに感動して帰ってくる。

ただし「地球村」で日本が指導力を発揮できるかどうか、不安がないでもない。そのためには、日本人が他民族、他人種を同じ運命共同体の住民として心理的に認めることが前提条件となるからだ。移民や難民に対する国際的義務を日本が果たしているとは、そしてこれからも果たすとは、とても思えないが、カナダに最も理想的な形で実現されている多様文化主義を学んでほしい。日本とカナダはお互いに高めあい、世界をいい方向に引っ張っていけると思うのだが、どうだろう。

「京都」の二字が泣いている

いくら「軟弱国家」と悪口を叩かれようとも、イラク戦争の勃発直前までカナダやフランスのとった外交努力は長く記憶されてよいだろう。すでに述べたように、仏語系カナダ人のクレチアン首相は、アメリカ寄りで保守的な西部州からの圧力を物ともせず、「カナダは一個の独立した国家である」とイラクへの武力介入に最後まで首を縦に振らなかった。

また、フランスのシラク大統領も負けてはいない。いわゆる米国のグローバル・スタンダード（アメリカはいつも正しいとする立場）を堂々と批判した。大統領は「確かに米国とは古いつきあいだが、私たちには私たちの物の見方がある。戦争は解決策の中で最悪の選択肢で、その前にあらゆる手段を講じるべきだ」と喝破したのである。この二人と、ブッシュと、どちらが指導者として立派だったか、言うまでもないだろう。マンハッタンの向こうに立つ「自由の女神」だって、元々はフランスからの贈り物なのだ。

二〇〇三年二月の、安全保障理事会におけるフランスのドビルパン外相の名演説は感動的であった。「国連というこの殿堂において、我々は理想と良心の守護者でありたい。我々の責任と名誉にかけて、平和的な武装解除を優先すべきだ。査察継続を訴えた後、フランスは国際社会の全員と行動し、よい世界をつくることができると信じる」と結んだ。落ち着いた、よく通るフランス語だった。その名演説の一部始終を拙宅のテレビで見ていた私は感動で鳥肌が立ち、そして目頭が熱くなった。なるほど、本当の外交官とはこういう人を言うのだな、と、思った途端だった。議場後方の各国外交官らから総立ちで拍手が起こるではないか。ハンカチで目を押さえている女性も見える。ニュースによれば安保理の場では拍手は極めて異例のことらしい。外交解決を訴えるフランス、ドイツ、ロシア、カナダなどの平和主義を多くの「軟弱国家」が支持していたのである。外交が勝利したかに見えた一瞬だった。それにもかかわらず、「リーダーシップに燃える」米国／英国／オーストラリアの三ヵ国によって一方的に戦争が始められたのである。これら三ヵ国は、やがてその責任を問われる時が来るだろう。問われなくてはならない。

グローバル・スタンダードとしての普遍文法

先ほど、シラク大統領のコメントでグローバル・スタンダードという言葉が出て来たので、少しコメントしておこう。

「グローバル化の象徴は」と尋ねられたら、多くの人が「マクドナルド」と答えるだろう。何と言っても、半端ではない。資料によれば現在、世界一二〇ヵ国に三万店あるという。本国アメリカに次いで店舗数が多いのは、我が国日本である。三万店という驚異的な数よりも凄い、いや凄いを越して私など恐ろしく感じるのは、先ほども書いたが、その均質性、画一性である。つまり、世界中どこに行ってもビッグ・マックは同じ材料、味、大きさ、色、重さ、厚さなのだ。店員のサービスまでマニュアルがあって店員の客に対する話し方から何からすべて決まっている。

こうしたやり方が「文化の多様性・モザイク化」に逆行していることは言うまでも

ない。様々な国の、様々な地方に、様々な料理があってこそ、地球の食文化が面白いのではないか。伝統的な小さな家庭料理の店などは、あまり大きな収入のないものが多い。そんな店の隣に、土地とは何の関係もないマクドナルドを突然建てられるのは、「グローバル・スタンダード」の美名の下にマクドナルドのローラーに押しつぶされるようなものである。

多くのヨーロッパの街で「反グローバル・スタンダード」のキャンペーンが張られ、その矢面《やおもて》に立たされているのがマクドナルドであるのはそうした理由なのである。「個人主義者だけで国ができている」とよく揶揄《やゆ》されるフランスでは、「マクドナルド」と聞くだけで眉をひそめる人が多い。

文法学者として私が心配しているのは、英文法をその基礎とするUniversal Grammar（普遍文法：UGとよく略称される）である。実は、これはマクドナルドのチェーン店などによるアメリカ文化のグローバル・スタンダード化と同工異曲である。料理と文法という違いはあるが、「アメリカの経済・軍事力を背景に、たまたま選ばれたひとつの文化が他のすべての文化を圧倒、駆逐する」という点ではまったく共通している。

かくして、明治期にアメリカのウェブスター辞典の文法解説をコピーした形で大槻文彦が「主語」を導入して以来、日本語（学校文法）は第二英文法なのである。すでに一〇〇年以上の歴史があるのだから、日本の学校文法はマクドナルド以上の老舗《しにせ》だ。

『主語はいらない』ですでに指摘したように、普遍文法（UG）を推進する現在の大きな勢力は、N・チョムスキーの興《おこ》した生成文法の文法家たちである。日本語に主語は必要だ、と三上に異を唱える久野暲、柴谷方良、町田健《まちだけん》たちがいるが、私には日本語に即した文法理論とはとても思えないことを『主語はいらない』と『謎を解く』で詳述した。

最近日本から取り寄せた、町田健の『日本語のしくみがわかる本』も、「主語と述語はどんなコトバにもある普遍的なものなんだ、と言ってしまっても、そんなに間違ってはいないと私は思います」と主張している。そして、その例として「私は水が飲みたい」という文を挙げ、「『私』を主語だとすることには全然問題がありません」と言い切っているが、私にはとても同意できない。町田の『まちがいだらけの日本語文法』についての批判は『謎を解く』をご覧いただきたい。

もとより学問上の異論であるのだから、こうした文法家からの反論を期待している。主語「抹殺」論を主張した三上は結局学界から終始「黙殺」され続けたが、自らが教鞭を取るハーバード大学に三上を招聘《しょうへい》したのが久野である。そんな久野が、三上亡き後、三上文法の生命線である「主語廃止論」に反対したのは衝撃的だった。『主語はいらない』でも明言したように、私は今後も断固として三上擁護論を展開するつもりでいるし、建設的なものであれば、喜んで論争も受けて立ちたいと思っている。三上章を「日本文法の父」とまで呼んだ久野が三上文法の根幹を批判し、三上擁護に立つ私を黙殺する理由があれば教えてほしい。死んでしまって自説を防御できない「日本文法の父」がこれでは浮かばれない。

第三章　英語を遡る

英語話者の劣等感

今や「神の視点」を得た現代英語だが、時間を遡るとどうだろうか。第三章では、英語が時代とともに大きく変容してゆく様子を観察する。その過程で、日本語と英語の相違点が次第に消えて行き、逆に共通点が増えて行くはずだ。英語が決して標準的な言語でもなければ、主語が普遍的概念でもないことが本章で明らかとなるだろう。英語もまた、かつては話者が「虫の視点」で話す「ある言語」だったのだ。今の英語とは、まさに「天地の差」である。

英語が世界で最も重要な言語となったことは、何人《なんぴと》も否定できない事実である。確かに、母語話者の数から言えばトップではないかも知れない。英語の底力はそれよりも「外国語として英語を話す人口」の多さにある。この「外国語としての英語（ESL）」という点では日本語も中国語も、あるいはスペイン語も、英語にははるかに及ばない。

中尾俊夫《なかおとしお》の『英語の歴史』によれば、二〇世紀初頭には英語の母語話者は一億五〇〇〇万人であった。これは現在の日本語話者より一割ほど多いだけだ。しかし、それから一世紀を経た今日では、その三倍以上の三億五〇〇〇万人まで増加している。これは中国語の一一億人に次いで第二位であるという。しかもこれに加えて公用語など、第二言語として使っている人を含めると一挙に七億五〇〇〇万人、七〇ヵ国に及ぶというから、まさに押しも押されもせぬ大言語なのである。

しかし、英語はその揺籃《ようらん》期からこれほどの勢力を擁していたのではない。それどころではない。その出自を見ればむしろ情けないほど、非力で無力な一言語でしかなかった。英国人は長い間、ラテン語と、それから生まれた言語であるイタリア語やフランス語に対して、自分たちの母語である英語を劣った言語であると考えていた。それもそのはず、英語は日本語とは比較にならない受難の歴史を経て今日に至っているのである。

しばし歴史を振り返ってみよう。受験で世界史を選択した人なら誰でも知っている「ノルマンの征服（Norman Conquest）」は、英国史はもちろん、英語史においても極めて重要な出来事である。一〇六六年のことだ。私のように、大学受験で「とろろ食べイギリス攻めろノルマン公」と暗記した向きもあるかも知れない。

この年、イングランド王エドワードが死んだ。フランスのノルマンディー公ウィリアム(仏語名はギョーム)は、エドワードの甥にあたるが、亡くなった先王との間に口約束があったとして王位継承を主張したのである。ところがエドワードは親類と見ればすぐに「俺が死んだら王位はお前のものだ」と言う困った癖があったらしく、ノルマン公ウィリアムの要求は通らない。結局、王位を継いだのは先王の義兄のハロルドだった。怒り心頭に発したウィリアムは、一万五〇〇〇人の兵を率いてドーバー海峡を越えイングランドに攻め入ったのである。そして勝者となった。敵の大将ハロルドは殺され、ノルマン公ウィリアムがウィリアム一世としてイングランド王に即位する。これが「ノルマンの征服」である。

試みに、日本で同じ時期に同じ事件が起きたと想像してみると、その恐ろしさが分かる。平安末期に、例えば中国(当時は北宋)が一万五〇〇〇人の兵を擁して攻め入る。もっとも、北宋はこの後に金など異民族に攻められて南に逃げて南宋を建てた王朝であるから、このシナリオにはかなり想像力が要るが、日本が北宋の支配下に入ったとしよう。そうすると日本語はどうなるか。当然、上層階級(皇帝、貴族、高位の聖職者、大商人など)の多くは中国から来て、中国語しか話さない。万世一系の天皇家もこの時に絶たれたに違いない。日本語は下々の庶民だけが細々と話す、という状態が三〇〇年（！）の長きにわたって続いたと想像していただきたい。これは朝鮮併合以来、日本が朝鮮総督府をおいて朝鮮半島を支配した時間のおよそ九倍の長さである。それが、まさにイギリスと英語に起きた大事件なのだ。

何万という単位で支配階級がドーバーを越えた。彼らはフランス語で書き、話し、正式な文書はラテン語で書いた。そしてイギリスの政治、経済、社会、文化活動の一切がその支配階級によってなされたのである。英国人にとってはまことに屈辱的な、こうした状態が英仏百年戦争の始まる一四世紀初めまで約三世紀にわたって続いた。これで庶民が英語に対する劣等感を持たなかったらおかしい。

百年戦争が終わって英語が議会で再度使われ出し、ようやく英国人にも国民意識が強まってきた後でさえ、例えば一四八一年に低地ドイツ語からある本を英語に翻訳する際に、訳者が序文で「in this rude and symple englyssh」に訳したことを詫びたという。劣等感だけではない。この三世紀の間、フランス支配層とフランス語に虐《いじ》め抜かれた英語に、何か異常なことが起こった。それこそが「主語」の発生だったと私は思うのである。

古英語（Old English）	700-1100年
中英語（Middle English）	1100-1500年
近代英語（Modern English）	1500-1900年
現代英語（Present-day English）	1900年-

表5

英語史の時代区分

「ノルマンの征服」とそれに続く三〇〇年の危機的状況が英文法にもたらした影響は甚大である。本書では主語の問題を特に扱っているので、語彙や発音には触れないが、すべての面で、英語はまるで別の言葉のようになってしまった感がある。

英語の歴史は大きく上の四つに区分されるが（表5）、その最初の境界線が、この衝撃的な一〇六六年の事件である。これを境に、それ以前は古英語（Old English）、それ以降は中英語（Middle English）と呼ばれる。ここでは『スタンダード英語語源辞典』巻末の時代区分にならった。近代英語（Modern English）はいわゆる英国ルネッサンス以降で、ヘンリー八世（在位：一五〇九―一五四七）を皮切りにエリザベス一世統治下（一五五八―一六〇三）でチューダー王朝の絶対王政が確立したイギリスの第一期黄金時代である。つまり古英語と中英語では、その背景となった時代の国力に雲泥の差がある。二〇世紀以降の英語を特に現代英語

(Present-day English) と呼ぶが、本書では現代英語の考察は不要なので行わない。表5は西暦で一〇〇年を単位にしてある。もちろん、言語変化は時間の軸に沿って少しずつ起こるものなので、これらの数字は極めて大雑把な大体の目安でしかない。

古英語には主語がなかった

本章では、時代を遡ると英語から主語が消える様子を観察する。それは実は簡単で「ノルマンの征服」を逆向きに通り越せばいいのである。

結論から先に言えば、古英語には主語がない。「ノルマンの征服」の後の中英語としては、「英詩の父」と言われるチョーサーの『カンタベリー物語』が有名だが、これはかなり現代英語に近く、スペルさえ慣れると我々でもかなり読める。当時の政治状況を反映してフランス語からの語彙がかなり多いが、それも大半が現代英語まで残されたものだからあまり違和感がない。ちなみに、現代英語の語彙のおよそ半分はフランス語から入ったものだ。この点、日本語における漢語に似ている。

一方、古英語の方は全然分からない。代表的な文献としてよく挙げられる八世紀前半の『ベオウルフ(Beowulf)』を見てもお手上げだ。英語がかなり読める人でも、まるで読めないだろう。『英文法を撫でる』における渡部昇一の洒落た表現を拝借すれば、「チョーサーは霞の中、ベオウルフは濃霧の中」という状況である。なお、先にも引用した渡部の『日本語のこころ』の一五〇頁に、『ベオウルフ』冒頭の三行が引用されている。ちょっとここに引用してみよう。

HWÆT, WĒ GĀRDEna in geardagum
þeodcyninga þrym gefru[g]non,
hū ðā æþelingas ellen fremedon.

「いくら英語のできる人でも取り付く島がないという感じがするであろう」という渡部の言葉がいかにも納得できる。第一、この叙事詩が発見されたのは一九世紀のことで、大英博物館の誰も古い英語だとは気付かず、最初にそれを指摘したのは外国人(デンマーク)の学者だったという。

ここでは、J・スミスの『Essentials of Early English』を参考にしつつ簡単な古英語の文を見てみよう。これだけで古英語に主語がなかったことの論証には充分であると思う。現代英語訳と単語の意味を日本語で添えておく。

(27)　Se hlāford　þone cnapan　bindeþ.
　　the lord　the servant　binds
　　主人が　召使いを　縛る

さて、「主人が召使いを縛る」という意味の古英語は、現代英語（および中英語）とどこが違うだろう。一番大きな違いは、このままの順では現代英語として正しい文にならないことだ。一方、古英語の方は（よく現れる語順の傾向はあったが）語順は基本的に自由で、ＳＶＯ、ＳＯＶ、ＯＶＳ、ＯＳＶ、ＶＳＯ、ＶＯＳのどれでも意味は同じだった。それが中英語以降は語順が固定されて行く。かくして、この文のように他動詞文であれば、現代英語では可能な語順はただひとつ。ＳＶＯの「The lord binds the servant.」でなくてはいけない。

幸いなことに、他動詞文の語順については統計がある。中尾俊夫の前掲書によれば、現代英語のＳＶＯ語順は、近代英語を代表するシェークスピア（一五六四—一六一六）で九〇％以上、中英語の代表チョーサー（一三四〇頃—一四〇〇）では八四％だが、古英語のアルフレッド大王（八四九？—八九九）ではついに五〇％を割って四〇％まで下落するのである。アルフレッド大王は古英語の後期であるから、さらに時代を遡った八世紀の『ベオウルフ』の比率が欲しいところだが、残念ながらそれは入手できなかった。ご存知の方がいたらご教示願いたい。この下落傾向が続けば、さらにSVO語順は少なくなると思われる。ちなみに、これも語順が自由であったラテン語では、他動詞文では動詞が最後に来るのが最も多かった。つまり日本語の語順と同じである。手許に統計的証拠はないが、古英語も恐らくは、そうであったと思われる。

動詞の活用とは何か

さて、読者の中には(27)において、主格であった「Se hlāford」が不規則動詞「bindan」に活用を起こさせて「bindeþ」となっていることに気付かれた方があるかも知れない。その通りである。

「bindeþ」の語尾「-eþ」は、三人称単数の活用語尾である。現代英語であればbindsと「三単現の -s」がつくところだ。「それなら、語順はともかくとして、Se hlāfordが主語なのではないか」と思われるであろう。それが違うのである。その説明には、印欧語における「動詞活用」がそもそも何であったかを、かなり遠回りして話す必要がある。

ヨーロッパで主に発展した比較言語学がすでに明らかにした事実のひとつに、「時代を遡って最も古い文献の印欧語を観察すると、動詞も名詞も形が不変だった」ということがある。ラヴァル大学で私の修士論文を指導して下さったA・マニエ教授（ベルギー人）の『機能主義言語学と古典ギリシャ語』によれば、「古い印欧語の動詞は人称の区別も明らかでなかった。単に裸の語があるばかりだった」とある。「裸の語」はブルームフィールドが「free form」と呼んだものである。サンスクリット語で書かれた『リグ・ヴェーダ』や古典ギリシャ語の最古の文献に例があるという。

印欧語を遡れば、無人称の語が次第に増えてくる。例えば、『リグ・ヴェーダ』に見える「brutat」の語尾「-tat」は人称に無関係で、意味は「私が話そう／話せ／話しなさい／彼が話すようにしろ」のどれでもいい。また初期ラテン語の「esto」も「君がいろ／彼がいるようにしろ」の可能性があった。（マニエ、前掲書、金谷訳。以下も）

つまり、行為者は文脈によって理解されたのだ。この段階では古い印欧語は、日本語同様、動詞活用というものを知らなかったことになる。主語などもあるはずがない。また、曲用と呼ばれる名詞の語尾変化もなかった。「愛」が名詞の「愛」にも動詞の「愛する」にもなる中国語のようなものだったのである。

マニエはこれを印欧語第一期と呼ぶ。マニエによれば、これに続く第二期で人称語尾、つまり活用が発生する。大切なくだりなので、ここも引用和訳してみよう。

第二期の印欧諸語は、これに続いて名詞や動詞を語尾変化させるようになった。かくして初めて屈折語となったのである。屈折のための活用語尾として、語幹に -m, -s, -t, -nt などが付加された。

最後の、語幹に付加される語尾のうち、特に最初の二つ「-m, -s」を覚えておいてほしい。この少し先で、この二つの子音が重要な役割を演じるからだ。第一、単数に限って言えば、比較言語学者のバンヴェニストがすでに「対話する一、二人称」と「対話に参加しない三人称」の間に断絶があることを論証している。

真の人称とは「対話する一、二人称」だけであり、「対話に参加しない三人称」とは実は「非人称」なのであった。後に「一、二、三」が「-m, -s, -t」という語尾で出揃ったのはずっと後になってからだ、というのがバンヴェニストの主張である。

話者の視点が上昇するにつれて「会話の場の外」にいる（ある）三人称の存在が視野に入って来たのだろうか。印欧語をさらに遡った段階では -m, -s, -ゼロであったのではないか、と私は思うが、ここでは詳しく述べない。単に「一、二人称」がそれぞれ子音の「m, s」という印を得たことに、ここでは留意していただきたい。

さて、マニエの言う印欧語第二期とは、我々の手の届くラテン語、古典ギリシャ語、サンスクリット語などの世界である。活用（人称と数による動詞変化）と、曲用（文法関係を示す名詞変化）とが、この時代においては見事に体系を持って完備している。現代の印欧諸語の中でも、リトアニア語、ドイツ語やロシア語など、現在でも活用や曲用を比較的よく保っているものはある。

その反対に、特に動詞の人称変化を失ったのはスカンジナビア諸語と英語である。英語では動詞活用と言っても、先ほどの「三単現のs」しか残っていない。しかし、古英語においては、例えば規則動詞の「lufian」（現代英語の to love）でも、少なくとも単数では「lufi(g)e/lufast/lufa」のように一、二、三すべての人称で活用形が揃っていた。

	動詞の活用語尾	不可欠主語	英語
第一期	なし	なし	ゲルマン古語(?)
第二期	あり	なし	古英語
第三期	消失へ向かう	あり	中英語

表6

古英語から中英語へ

第二期から第三期が、英語の場合は先に見た古英語から中英語への移行にあたる。ノルマンの征服を境とした変化だ。中英語に至って「主語のための指定席が用意された」のである。それと並行して、活用や曲用の語尾が次第に消えていく。そして現代英語に至っては、活用では「三単現のs」のみ、曲用は人称代名詞（例えばI/me, he/himなど）のみを残して、普通名詞では消失する。語形変化という点で、まるで英語は第一期の「裸の語」しかなかった時代に舞い戻ったかの感がある。しかし、第一期との大きな違いがある。それが「義務化された主語」の出現なのだ。

ここで三つの時期を表6にまとめてみよ

う。少なくとも、第三期の「動詞の活用語尾」は、規則動詞に関しては三人称単数現在を除いて次第に消失へと向かう（表6）。

ここで大きな問いがひとつ生まれる。第一期から第二期への移行は、おそらく文意を明瞭にするためだったのだろう。「裸の語」だけをポンポンポンと並べても、文法関係は明らかにならない。日本語だって、最初はなかった格助詞「が・を」が漢文訓読を経て発生したぐらいだ。「一体、誰が誰に対して何をするのか」を誤解されないように明示したい、という気持ちが語尾変化をする第二期を生んだのだろう。

一方、分からないのは第二期から第三期の方である。文法関係は語形変化でも分かるし、また固定した語順でも分かるからだ。例えば、フランス語の「君が話す」という文は、第二期には「Parles.（パルレス）」だけで良かった。-s という語尾によって行為者が「君」だと示せるからである。第三期では行為者の主語（Tu）を動詞の前の指定席に持って来て、同じことを「Tu parles.（テュ　パルル）」と言う。主語の「君（Tu）」が指定席（文頭）に座り、その代わりに動詞の活用語尾は発音されなくなった。「お役御免」だからである。スペルの上では盲腸のように第二期の活用形 -s が残ってはいるけれど。主語が「私、君、彼、彼女、彼ら」であっても、発音はすべて同じ「パルル」である。

では、第三期に移行した理由の説明が他に必要だ。結果的には同じことが言えるのに、なぜ文の構造を変える必要があったのか。この疑問に答えてくれる鍵は意外なところにある。驚くなかれ、それはアルプスを挟んでその南に生息する言葉たちなのである。

スペイン語の事情

ドーバー海峡を越えて英語の根幹を揺さぶり大変化を起こさせたフランス語とは違い、アルプス山脈も越えずにその南に留まったスペイン語、イタリア語、ポルトガル語などの状況がここで大変参考になる。これらの言語は上の三つの時期のどこにいるのか。

「依然として第二期」がその答えである。これら、アルプス以南の地中海印欧語は、いまだに第三期を知らないのだ。

スペイン語を例に取ろう。例えば「愛する」という意味の規則動詞「amar」は、表7のように六つの人称で完全に活用を備えている。前から順に「一、二、三人称単数、一、二、三人称複数」に対応する活用である。そして、活用が完備しているから「主語」は不可欠でなく、大抵は言われないままである。スペイン語は典型的な第二

amo	ama-s	ama	ama-mos	ama-is	ama-n

表7

ama-m	ama-s	ama

表8

期言語と言っていい。イタリア語やポルトガル語も同様である（表7）。

なお、このすぐ先の「m/s の対立」で詳しく述べるが、一人称単数の「amo」は、これに先立つラテン語時代には最後が長母音の /amoo/ で、さらに古形は /amam/ であった。/am/ が /oo/ となることは他の言語にもよく見られることで、日本語でも「神戸」は「kambe」が変わった「koobe」だし、動詞の「行こう（ikoo）」なども「行かむ（ikamu）」が最後の -u を落としてからの転である。つまり、印欧語の一人称と二人称の単数動詞活用は、語幹を取ってしまえば「m/s の対立」であった（表8）。

さてスペイン語などでは、英仏語では「主語」に相当する主格の人称代名詞を、必要であれば付け加えることができるのが面白い。これが第二期の言語の特徴のひとつでもある。

英語の「I love you.」にあたるのは、普通は「Te amo.」だが、第三期文型の「Yo te amo.」と言えないこともないのだ。

重要なのは、この二つの文の意味の違いである。一体、「私」を意味する「Yo」の付加がどんな意味を加えるのか。答えは「強調文」である。「君を好きなのはこの私だ」という風に、「人間」が強調されるのだ。実際の発話でもこの「Yo」が「ヨー！」と強く発音される。

行為者表現へのシフト

スペイン語のお陰でかなり謎が解けた。第二期と第三期は、一見、同じ意味を表すように見えるが、実は根本的に違うのである。まだ英仏独などが第二期の言語であった時、今日のスペイン語やイタリア語と同様に、これらも「人間」を強調することはできた。ところが、主語があまりに強調されたために、ついには義務化されてしまったのである。そして、不可欠となってしまった結果として、今度は動詞の活用語尾が消失し始めた、というのが経緯である。おそらく「最小努力の法則」がここでも働いたのだろう。

ちなみに、第一期では「裸の語」だけであったと述べた。これは、つまり行為者などを言わずに動詞のみで「出来事を単に出来事として」表していた、ということである。つまり「表現の重点」は第一期の「出来事（コト）」から第三期の「行為者（モノ）」にシフトしたのである。第二期はちょうどその過渡期にあたると言っていいだろう。

さらに言えば、印欧語の中でも英語やフランス語における「行為者の強調」は、第三期の後もさらに続いているように思われる。例えば、フランス語では次のような言い方が増えているが、（28）では一回、（29）では何と二回も主語である行為者（下線部）が追加されて強調されているように見える。これでは、第三期の後に第四期を考える時期が来るかも知れない。

つまり、第一期からずっと「人間中心表現へのシフト」という方向性は一貫しているのだ。この変化こそが序章で見た「nature」の息の根を止め、その逆に「subject」を「従語」から「主語」に出世させたパラダイム・シフトなのだ。

（28） Toi, tu ne pleures pas.（または Tu ne pleures pas, toi.）
お前はね、泣くんじゃない。

（29） Cet enfant, lui, il mange beaucoup.
あの子供は、よく食べるね。

ここで、第一章で見たクリスマスツリー（図14）を思い出していただきたい。主語の頭がこうしてさらに高くなることは、ますます視点が神に近づくことを意味する。クリスマスツリー型の文のツリーの天辺《てっぺん》が地上から次第に遠ざかって、「行為者」はいよいよ「高位者」となるのだ。sub-ject は「従語」から「主語」に栄転する。一方、ますます自然（nature）は勢いを失い、動きを止めてしまうのである。

被行為者の m、行為者の s

さて、先に引用した恩師マニエ教授の論文に出て来た活用語尾の最初の m/s に話を戻そう。不思議なことに、印欧語を遡れば遡るほど、名詞変化も動詞変化も二つの子音 m/s に収斂してしまうのである。表7で見たように、現代スペイン語の動詞活用を単数だけで見ると amo/amas/ama だが、最初の二つに限れば印欧祖語での語尾は＊m/＊s と考えられる（＊は、印欧祖語などで、確認はされないが想定される語形に付ける）。

本章の「古英語から中英語へ」で私は、中英語となった第三期において初めて主語が発生した、と述べたが、ここでその「物的証拠」をお目にかけたい。それがまさに

m/s の対立なのである。印欧語において、屈折語尾 m/s は、二つの文法カテゴリーで並行して出現した。マニエの引用「時代を遡って最も古い文献の印欧語を観察すると、動詞も名詞も形が不変だった」や「古い印欧語の動詞は人称の区別も明らかでなかった。単に裸の語があるばかりだった」を思い出そう。第一期においては、屈折語尾が名詞、動詞ともになかった。それがこの両方で m/s を付加するのである。

m/s の対立は、一方では、一人称「我」と二人称「汝」の行為に動詞語尾として出現する。これが、例えば先に見たスペイン語の amo/amas の古形の amam/amas における m/s の対立である。一人称の動詞活用に見られる「m」は、実は現代英語にもひとつだけある。古形を留める傾向の強い Be 動詞に化石的に残った「am」がそうだ。ドイツ語では「bim」から「bin」と変わった。ラテン語では、さすがにこの「一人称の m」が多い。Be 動詞は一人称「sum」と二人称「es」であるし、半過去の一人称・二人称がそれぞれ amabam/amabas などと m/s がそのまま出て来る。「二人称の s」は先に見たフランス語の「parles（君が話す）」にも見られる。こちらの s は、今では発音されないが。

さて、これら動詞語尾と並行して、同じ m/s の対立が名詞語尾としても出現した。その用例を眺めてみよう。次のラテン語の例文で、男性単数名詞の主格には s

が、直接目的語となる対格には m が付いている。m/s の付加で動詞との文法関係は分かるから、語順は自由。ラテン語も、また代表的第二期言語である。なお、ラテン語には定冠詞がない。ここでも単語を一つ一つ和訳して左に添える。

(30) Dominus canem occidit.
主人が 犬を 殺す

これを逆に「主人を犬が殺す」と言うのであれば、例えば (31) のようになる。

(31) Dominum canis occidit.
主人を 犬が 殺す

さて、この例から m/s のペアにおける、それぞれの原初のイメージが分かる。「能動的行為者」が s で表され、「受動的に行為を受ける人間」には m が付けられたのだ。現代英語にもこの「被行為者の m」が二つ残っている。三人称人称代名詞の「he」に対する「him」と「they」に対する「them」だ。ドイツ語の三人称代名詞では与格の「ihm」と対格の「ihn」に分かれた。

m/sという子音が動詞変化（活用）と名詞変化（曲用）に並行して使われたことは、統計上から見るとても偶然とは思えない。印欧祖語には（二重母音やソシュールの研究で有名な喉頭音も含めると）母音が一六、子音が同じく一六、これにソナントと呼ばれる半母音が六つで合計三八の音素があったとされる。このうち、同じ二つの音素のペアが二回選ばれる可能性は、私の試算では〇・〇七一%、つまり一〇〇〇回試みて一回以下なのである。すなわち、同じm/sが「選ばれるべくして二回選ばれた」のだ。

では、偶然ではなく理由があって、意図的に選ばれたという仮説を立ててみよう。m/sの二つの子音は、どこから来たのか。W・P・レーマンの『初期印欧語の名詞変化について』にそのヒントが書いてある。「被行為者のm」は一人称代名詞「我」の＊meと関係があることが示唆されているのだ。私もそれに賛成である。第一、「我」の動詞活用に「m」が使われるのもそのためだろう。「行為者のs」の方はどうか。二人称代名詞「汝」の方はラテン語ではtu、古典ギリシャ語ではsuと揺れているが、二人称の動詞語尾にsが付くことからして、やはり二人称代名詞と関連づけるのが妥当と思われる。

一、二人称代名詞のm/sが、名詞変化と動詞変化にリサイクルされた、と私は考える。m/sという二つの子音を携えて印欧語は第二期に移り、屈折語となったのだ。

活用語尾は主語を表さなかった

ここまで来れば、先ほどの「動詞の活用語尾は主語を表すのではないか」という至極もっともな問いに答えることができる。答えは「否」である。今はそう「解釈」されているが、少なくとも本来的には、動詞の活用語尾は行為者としての主語を表さなかった。

例えば、スペイン語の「amo」である。この本来の形が「amam」であったことはすでに述べた。この語の本来の意味は、行為者としての「我」が語尾の「m」という形で表れるのではない。それはむしろ、「愛」という「出来事」の出来《しゅったい》する「場所」を示していたのだ。名詞変化における位格(locative)のような機能だったと私は思う。

先ほどのフランス語の例文をもう一度掲げよう。

(28) Toi, tu ne pleures pas.(または Tu ne pleures pas, toi.)

お前はね、泣くんじゃない。

(29) Cet enfant, lui, il mange beaucoup.
あの子供は、よく食べるね。

これら二つの文に関して、「(28)では一回、(29)では何と二回も主語である行為者（下線部）が追加されて強調されているように見える」と述べた。「ように見える」と書いたのは理由がある。実はそうではないからだ。日本語のハで表される主題(topic)の多くが文の先頭に来るように、そしてtopicが語源的にtopos（場所）から来ているように、これら下線部は行為者を表すように見えて、実は単に「これからこれこれについて話しますよ」という話題（=出来事の場所）の提示なのである。その証拠に、文をそれぞれ下のように変えることができる。ここでは、下線部は行為者ではなく行為を受ける対象となっている。

(28′) Toi, je ne te vois pas d'ici.（または Je ne te vois pas d'ici, toi.）
お前はね、ここから見えないよ。

(29′) Cet enfant, lui, je ne le vois pas souvent.

あの子供は、あんまり会わないね。

これらが強調の表現のための構文であるとすると、その最初の形である「(文頭という)指定席を得た主語」もまた、行為者ではなくて、日本語のような「主題(=出来事の場所)」であったと考えるのが自然だと私は思う。

比喩的証拠と物的証拠

こうした構文の認知的な推移を、新約聖書を比喩的に使って説明してみよう。次の三つの文は「ヨハネによる福音書」の冒頭を一部変えたものである。

初めに言葉があった。
言葉は神とともにあった。
神が言葉を話した。

三つのうち、最初の文は単なる存在の「ある文」である。一方、最後の文は行為の「する文」である。そして、その間にある二番目の文に注目してほしい。ここで神が提示されるが、神は行為者ではない。むしろその言葉がある場所である。古英語の動詞の人称語尾とは、場所を、つまりその出来事に何らかの関係がある人間を表しはしても、それは行為者ではなかったのだ。この二番目の文こそが、英語も元々は日本語のような「ある言語」であった事実を象徴的に示すものである。

第一章で日本語に実はテンス（時制）としての未来も過去もなく、単なる現在のアスペクトしかないことを見た。しかし英文法の発想で記述されている日本語文法ではそれが再解釈、あるいは誤解されてテンスと見なされていることも指摘した。

印欧語第二期に特徴的に現れた動詞の活用語尾も、これとよく似た状況だと言えよう。人称語尾が行為者を表すのだとしたら、わざわざ主語に指定席を設けて古英語から中英語に移った意味がない。第二期の人称語尾は「出来事に何らかの関わりを持つ人間」を表したのであって、それを行為者の表現と見なすのは「再解釈」あるいは「誤解」である。指定席を得た主語も最初は行為者のみを表さなかったが、ＳＶＯ他動詞構文の多用に伴い、次第に行為者として解釈されることが増え、「する言語」化して行ったと思われる。

なお、他動詞構文なるＳＶＯの方が、自動詞文ＳＶよりも英語などにおいては普通の形と考えられた。その証拠は「他動詞」と「自動詞」にあたる文法用語にある。否

ラテン語	ego	mei	mihi	me	me
ギリシャ語	ego	mou	moi		me

ラテン語	tu	tui	tibi	te	te
ギリシャ語	su	sou	soi		se

表9

定の接頭辞 in- を使い、「他動詞（Transitive）でないもの」が「自動詞（In-transitive）」と名付けられたのだ。「活用語尾が主語を表さない」ことには、実はもう一つ強力な「物的証拠」がある。それは主格の人称代名詞である。もし、一人称の代名詞の印が「m」なのであれば、その一人称の主格、つまり最も重要な主語を表す形に「m」がないのはなぜだろう。

例えばスペイン語ならそれは「Yo」だ。この代名詞には「m」が含まれない。「Yo」だけではない。他の印欧語における「我」である「Ego, I, Ich, Je, Io, Ya」などはすべて同じ語源＊ek を共有しており、ひとつとして「m」が見られない。上の表を見てほしい。ラテン語と古典ギリシャ語の例を、主格・属格・与格・奪格・対格の順で掲げる。二人称にはこの断絶がない。これは現代の英語や仏語などすべての印欧語でも同じである（表9、上段が一人称、下段が二人称）。

一人称代名詞に亀裂があって、二人称にはない理由は、ただひとつである。上に見た、名詞変化における m/s の対立の原初イメージだ。「m」では、被行為者の受動的イメージがおそらく強すぎたのだ。これを私は、「m」では行為者になれないという認知的ブレーキがかかったのだ、と解釈したい。子音「m」は「被行為者の印」だからである。

かくして「m」を含む人称代名詞が「行為者」となるために、「m」とまったく関係のない一般名詞が、行為者を示す「主語」として必要になった。抜擢された普通名詞はエゴイズムの「Ego」の語源である＊ek- である。これがすべての印欧語に定着した。

英語における「＊ek」は ich から ic を経て i となった。しかし、これでは表記上セミコロン「;」と紛《まぎ》らわしいし「行為者」としての貫禄もない。ええい、大盤振舞いだ、とさらに「I」と大文字で書かれて現在に至った。

文頭に立てられた「I」も、当初は主題を表すものにすぎなかった。第一章の表1の日本文にあるような、必須ではないが、付けようと思えば強調で付けられる「私は／私には」と同様である。これが、次第にもっぱら行為者を意味するように変わる。これが「Ego のサクセス・ストーリー」である。第三期に至って、忌まわしい受動者の烙印「m」を持たない名詞「I」を文中に義務づけて、初めて英語に行為者となれる「主語」が出現した。まさに英語は中英語においてルビコンを渡ったのである。それは、支配者のフランス語と被支配者の英語が英国において三〇〇年間、激しく入り乱れた結果であった。主語はこうした乱世下に発生した。それからまだ一〇〇〇年も経っていない。つまり、長い人類史においてはごくごく最近の事件なのである。

スペイン語に「主語」はあるか

スペイン語などは「動詞の前を主語の指定席としない」という点で、私はいまだに主語を持たない言語であるとみなしたい。イタリア語、ポルトガル語などもそうだ。動詞の活用で誰に関わる行為かは理解されるが、それはむしろ「行為の場所」であって「行為者」ではないのだ。現在の状態では、主語が構文として文法化されていないと言うべきだ。行為者ではなく「出来事の場所」の表示であった人称語尾が、「行為者」の表示であると「解釈」されているだけである。第一章で見た、日本語のアスペクト（現在のみ）がテンス（時制）であると「解釈」されているようなものだ。「スペイン語無主語説」ならば、朝日新聞ロス支局長がスペイン語は「恋を語るにはいいが、対決には向かない」と漏らした一言も納得できる気がする。

これら日本語と英語の中間にあって言語的な「棲み分け」(今西錦司)をしている言葉に対して、生成文法が「主語の論理」を普遍的に適応して「proDrop 言語」(＝人称代名詞を省略している)、などと勝手な解釈をするのは、文字通りの「Ego-centrism」である。ましてや人称語尾さえ知らない日本語に主語を適用するなど、はなはだ有害かつ迷惑である。まさに「京都の苔むした庭園の真ん中にディズニーランドの噴水を作るような」愚行と言うべきだ。

ドイツ語の状況はどうか。これは玉虫色である。確かに「主語の指定席」はできた。しかし動詞は複雑な活用語尾をいまだに残している。ドイツ語では目的語を主題化すると、SVOが逆転してOVSとなる。例えば「お金があるよ」は「Wir haben Geld.」だが「お金はあるよ」では「Geld haben wir.」となる。

結局、これらの言語は第二期と第三期の過渡期にあるのかも知れない。ドイツ語よりは、英語のクレオール化を引きおこしたフランス語の方が、第三期に近い。それでも英語に比べると活用は複雑だ。以上をまとめると、第二期から第三期の連続線の上にスペイン語/イタリア語、ドイツ語、フランス語、そして英語の順で「棲み分け」が見られると言っていいだろう。

なお、第三期に移動した英語においてすら、なおかつ「ある言語」性を留めている構文があるのは注目に値する。それが出現文とか発見文と言われるものだ。

例えば「おや、ここに本がある（There is a book）」とか、ビートルズの歌でお馴染みの「ほら、太陽が出て来た（Here comes the sun）」などだ。普遍的とされる主語（S）が、何と現代英語においても、これらの文では文頭に立てないのである。積極的行為者のいない文、という意味では日本語における自然現象文の発想に通じる。これらの文が英語の伝統的五文型に入れないところにも、英語の「する言語化」という「行為文優先主義」が窺える。

出現文は例外として、英語が語順を（例えば他動詞文のSVOのように）固定した原因を、他の観点から考えてみよう。先に述べた統計で見ると、ノルマン公ウィリアムがイギリス王となるまでの古英語でかくも自由だった語順は、中英語において「固まって」しまったのである。古英語で四〇％だったSVO語順は、中英語では一気に八四％に跳ね上がるのだ。先ほどの例文をもう一度掲げるので見てほしい。

(27) Se hlāford　þone cnapan　bindeþ.
the lord　the servant　binds
主人が　召使いを　縛る

文の組み立てから言えば、古英語は実は日本語とよく似ていたのだ。日本語においても「主人が・召使いを・縛る」の語順を様々に変えても（好まれる語順があるのは事実だが）、意味は変わらない。日本語の名詞に格助詞（主人が・召使いを）が付いているように、古英語にも、名詞変化の語尾が付いている。

記憶の経済

英語が第三期に移った理由には、おそらく「記憶の経済」も一役買ったと私は思う。フランス語という外国語が支配者の言語として突如攻めて来て、三〇〇年にわたって君臨した。フランス語と英語の混ざりあった「乱世」に、松本克己の言う「クレオール化」が進んだのだろう。

クレオール化とは、言語と言語が長期間にわたって接触した場合に生じる言語現象のひとつである。とりわけその一方が経済的政治的に優位にある場合、劣勢の言語が大きく変化する。変化した言語には、単にコミュニケーションの手段として使われるピジン（語源はまさに英語のビジネス）と、劣勢の言語話者の母語になるクレオールがある。モントリオールに多いハイチ出身のカナダ人は、カリブ海の言葉がフランス

	単数			全ての性の複数
	男性	女性	中性	
主格	se	sēo	þæt	þā
対格	þone	þā	þæt	þā
属格	þæs	þǣre	þæs	þāra
与格	þǣm	þǣre	þǣm	þǣm

表10

語の影響を受けてできたクレオールを母語として話す。

クレオールの最大の特徴が文法規則の簡略化であることも、松本克己の「英語のクレオール化による主語の発生」説を支持している。ちなみに、これまた記憶の負担になる名詞の性別（男性／女性／中性）も、この時期にあっさり捨ててしまった。

第二期の古英語は活用、曲用ともに複雑な体系を持っていた。(27)に出て来る単語をもう一度眺めてみよう。この古英語の文における Se hlāford は、定冠詞も名詞も主格（だいたい日本語の「が格」にあたる）であり、þone cnapan の方は、定冠詞も名詞も対格（だいたい日本語の「を格」）である。ここの hlāford と cnapa は共に男性名詞である。男性単数の定冠詞は主格が se、対格が þone だが、もし女性名詞の単数であれば主格が sēo、対格がþāとなる。中性ならば主格と対格が同形でþætとなる。定冠詞の変化だけをまとめたのが表10である。主格と対格の他に与格（だいたい「に格」にあたる）、属格（「の格」にあたる）がある。これに加えてもちろん一般名詞にも変化があるが、あまりにも煩雑《はんざつ》になるのでここでは書かない（表10）。

こうした規則が、話者の記憶の負担になることは明らかだ。英語話者と接触を持つフランス人支配層はこれを嫌ったろう。劣等感を持つ英語話者は自ら進んで（元国立国語研究所所長、野元菊雄《のもときくお》のかっての珍計画「簡約日本語」のような）「簡約英語」を実践したのかも知れない。母語に誇りも自信もない状況下ではありうることである。

同形のものがあるとは言え、全部で一六も形があった定冠詞が、こうして現代英語では「the」ひとつきりとなったのは、大変な記憶の経済である。仏語との長期間の接触と母語に対する劣等意識と屈辱感のせいで、当時の英語話者は「母語の複雑な文法規則を捨ててしまおう」と思ったのではないだろうか。すべての単語を裸にして、語順だけで意味を決める方が、記憶の負担上、ずっと楽なのは明らかである。なお、一番英語に近いドイツ語は、いまだに定冠詞における三性四格を捨てていない。「デル・デス・デム・デン」と学習者が目を瞑《つむ》って唱えるのは、新学期の初級ドイツ語一年生の教室の風物詩となっている。

普通名詞や冠詞が曲用を失ってどんな文法格においても同じ形（例：the lord とthe servant）になるに至って、意味が伝わるためには語順に頼るしかない。しかもその語順は「縛る」という他動詞を挟んで、一方に「縛る人（行為者）」、もう一方に「縛られる人（被行為者）」とはっきり距離を置いて分離するのが、一番誤解が少なくてすむ。

そういう風に、意味が間違いなく伝わる最大の効果を狙ったのがＳＶＯという語順だったのである。結果として、動詞変化と並行して名詞変化を豊かに持っていた英語は、中英語期に足を踏み入れるやいなや、語順だけに頼る方向へと不退転の決意で突っ走り出したのである。「従語（subject）」は「主語」となって生まれ変わり、文の最初の単語という「上座」に自分の指定席を見いだしたのだ。かくして、英語はプレスリーのジャンプスーツを纏《まと》ったのである。

古英語の構文は日本語に似ている

日本語と古英語を比較してみると面白い。古英語と中英語の亀裂が最も深く、この

	現代日本語	古英語	中英語
主語	なし	なし	あり
他動詞文の語順	自由（動詞が最後）	自由（動詞が最後？）	SVO
文法関係の標識	あり（格助詞）	あり（名詞変化）	消失へ向かう

表11

構造変化は体系的に次の三つのレベルで同時に起きた。主語、他動詞文の語順、文法関係の標識（表現方法）の三項目を立て、古英語と中英語を比較してみよう。語彙などは無視し、文を組み立てる方法だけを考慮すると、三言語の中で異なっているのは中英語（そしてもちろん、これとよく似た現代英語）である（表11）。

つまり、文の構造を比較すると、何と古英語は中英語よりも現代日本語に似ているのだ。日本語では格助詞が述語と補語との間の文法関係を示すが、それを古英語は名詞変化で行っていた。他動詞文の語順では、日本語の場合、動詞が最後と決まっている。古い英語では義務的ではなかった。しかし、ラテン語がそうであったように、最も普通の語順では動詞で終わっていたろう。必要のない（例えば旧情報の）補語を言う必要はなかった点でも、日本語に似ている。

ちなみに、日本語のように主語（S）のいらない言語では——というと地球上の大部分の言語がそうだが——いくら動詞が最後だからといって、語順をSOVとするのはおかしい。これは主語の概念を普遍で自明のものと捉えている現代言語学の大きな問題だが、現代日本語や古英語の語順は単に（C）Vとすべきである。ここでCは補語を指す。Cをカッコに入れるのは「分かりました」などがこれだけで立派な文であるように、義務的でないからだ。

『謎を解く』にも書いたが、J・グリーンバーグ以来の「日本語はSOV言語」という「常識」も、実は日本語にとって公平ではないEgo＝英語セントリズムであり、日本人や韓国人などはこうした帝国主義的「普遍文法」に、断固反対していかねばならない。

馬鹿主語の出現とDoの文法化

語順が固定して必要になったのが、馬鹿主語（dummy subject）である。古英語では、主観表現にいわゆる主語をもたない構文が多かった。これは「非人称動詞（Impersonal Verb）」と呼ばれる。例えば、「Me repents.（後悔する）」だが、これは次第に馬鹿主語（＝非人称主語）を伴い、「It repents me.」と変わった。同様に次の例がある。

Us thynketh.（後に It seems to us）
Hem thoughte.（後に It seemed to them）
Me seems.（後に It seems to me）
Me thinks.（後に It thinks to me）

こうした非人称動詞は、古英語で「happen, need, thirst, remember, dread」など四〇あまりもあったという（中尾、前掲書）。すべて「人間がコントロールできない」動詞というのが興味深い。これらは人間が意味的、認知的に主語に立てない動詞であるからだ（think や remember を今日的な意味で考えてはいけない）。人間を行為者として立てることに最も長く抵抗した動詞たちである。

このうち、一番長生きしたのは「Me thinks.（あるいは Methinks, Methinkes とも）」であるようだ。他の非人称動詞がすたれた中で、「Me thinks.」だけが、チューダー絶対王朝下で近代英語を代表するシェークスピアまで生き延びている（例：Me thinkes there is much reason in his sayings. ――「ジュリアス・シーザー」第三幕第二場）。

英語が「曲用方式」（名詞の語尾変化）という従来のやり方を放棄して、語形は裸のままに動詞を中心に主語を前、それ以外を後ろに配するという「語順方式」に移行した理由のひとつは「記憶の経済」であると言ったが、それと同時に、ＳＶＯ構文として主語と目的語の明示が義務化されたことにより、「行為文」の性格を次第に強めるという効果を生んだ。いや、「記憶の経済」と「行為者の強調」は、むしろ手に手をとって共起した言語現象だったのだろう。

この方向でさらに流れに棹《さお》をさしたのが「行為の助動詞」Do の文法化であった。これは時代をかなり下って、近代英語期の一六世紀中頃から一八世紀にかけてゆっくり進行した変化である。この Do の文法化は英語がそれまでに強めていた傾向のまさに駄目押しで、その「人間中心言語：する言語」としての性格は一層決定的なものとなった。角田《つのだ》太作《たさく》は『世界の言語と日本語』で英語における Do の大活躍ぶりを理由に「万能助動詞 Do は他の言語に見当たらない珍しいものである」とも「英語はこれらの点で実に特殊な言語である。決して、人間言語の中で代表的な、標準的な言語ではない」とも述べている。言語類型論（タイポロジー）の分野の専門家で世界の一三

○にも及ぶ言語を比較検討した上の言葉だから説得力がある。

英語は、その「する言語」性において、他のゲルマン語族はもちろん、ロマンス語族、スラブ語族など多くの印欧語との差をさらに広げたと言ってよいと思う。まさにこの理由で、「今日の英語を標準にして言語的ヨーロッパを考えることは大きな誤り」（泉井久之助）なのである。それでは、Do の文法化とは何か、を次に例文とともにまとめておこう。やはり文の構造に関わってくるのである。

（あ）疑問文

DID you sing that song?

古英語や中英語では、Said he?「彼は言ったか？」のように主語と動詞の位置を逆にするだけで疑問文が得られたが、その後一般動詞では助動詞 Do がいるようになった。喩《たと》えて言えば「言ったか？」の代わりに義務的に「言ったりしたか？」と行為度を高めて聞くようなものである。英国ではまだ Have you time? など Have 構文があるが、アメリカ、カナダではすでに Have も一般動詞となり、DO you have time? と言っている。これは、Do の領域がまた広がったということを意味する。

（い） 否定文

I DID not sing that song.

中英語までは動詞に否定詞の not を付けるだけだった。しかし I not know. や I know not. のように語順が一定でなかった。助動詞 Do の定着以降はこの助動詞を否定するので、本動詞の語順がここでも「固まった」。Do「する」を使った否定の原意は、例えば「行かない」が「行きはしない／行ったりしない」となるようなもので、これもまた「行為の強調」である。上記の Have 構文に関する英国と北米の違いは否定文でも同じ。英国では I have not time. 北米では I DO not have time. だ。英国の Have 動詞は、疑問文と否定文に関して、ドイツ語の一般動詞と同じように振舞うと言えよう。

（う） 他の一般動詞を含む述語の代表

(Who sang that song?) → John DID.

Do はさらに、他の一般動詞を含む述語を代表することができる。古英語にはそれにあたるものはなく、単に同じ動詞を繰り返すだけだった。

（え）強調文

I DID think so.

最後に、強調文がある。それまでは「本当に」というような副詞を使って主語と動詞を倒置するか、あるいは普通の文のまま動詞上に強調イントネーションを置くしかなかった。英語の強調文には助動詞Doがこんな風によく使われる。つまりI thought so.「そう考えた」だけでは説得力のパンチが足りないと判断して、さらに「そう考えた。そうした」を付け加えるわけである。やはり、ここでも英語の「する言語」的性格が強く現れているのである。

逆方向に進む日本語

果たして日本語も英語のようにいつしかタイプを変え、主語を義務的に持つ言語となるか、という疑問が残っている。

私はそうはならないと思う。それとは反対に、日本語はさらに「ある言語」の性格を強めていくとさえ思っている。その理由のひとつを、英語と日本語における強調文の比較を通じて述べてみたい。

先に挙げた四種類のDoの文法化は、すでに「神の視点」からのSVO型行為文を発想の基盤に持つ「人間中心言語」英語の「する性」をさらに高めたものと言えるが、日本語の場合はどうだろうか。

様々な対応の仕方があると思うが、ここでは上の「I DID think so.」に日本語文「そう思ったんだ」を組み合わせて比較してみよう。

(32) I did think so.

(33) そう思ったんだ。

英語の場合は行為の他動詞「する」の付加であったが、日本語の方は実はこれとは反対方向の、自動詞「ある」を付けて存在の名詞文に変えたものである。まず「そう思った」という「行為文」があって、発話者はそれを強調したいがために、風呂敷のように便利な「の」を使っていったん名詞化する。その上で「だ」を付けたのである。「の」が会話でよく「ん」となるのはご承知の通りだ。

「そう思った」↓「そう思った」＋の＋だ↓「そう思ったんだ」

さて、これで「そう思ったんだ」の構文上での変化は分かった。まだ分からないのは、「そう思った」と「そう思ったんだ」の微妙な意味上の違いである。名詞文に変化することで話し手はどういう効果を狙えるのだろうか。

不思議なことに「……んだ」文を使うと、なぜか「言外のある状況が説明できる」のである。例えば、飲み会に行くと約束していたが、急に母親が上京することになったので欠席したとしよう。その後、友人に会って「先日は顔を見せなかったね」と言われた時に、どう答えたらいいだろうか。「北海道から母が来た」だけだと、これは一方的な自己正当化だ。「だから、仕方ないだろう」とでもいった風に、やや傲慢に聞こえる。一方「北海道から母が来たんだよ」ではどうだろう。あら不思議。こちらには「だから、勘弁してよ」のニュアンスが加わるではないか。つまり、行けなくなったという言外の状況の説明（言い訳）として効果がある。それはなぜだろうか。

単なる事実を表す文に微妙な説明（言い訳）ニュアンスを加えるのが、存在の動詞「ある」なのである。名詞文「……だ」は、本来動詞文の「……である」だった。そして動詞「ある」で終わる文とは「存在文」に他ならない。「AがBである」の元々の発想は、「AがB（という状態）で（そこに）ある」なのだから。

さて、これで謎が解けたと思う。「北海道から母が来た」は行為文（する文）で、これでは言い訳にならない。一方「母が来たんだ」は存在文（ある文）に変わっている。

その発想は「母が、来た（という状態）で（すでにそこに）ある」ということだ。そして、存在文だからこそ、その事実は人間のコントロールを超えて、もうそこに既成事実として成立してしまっており、自分はどうしようもない、というニュアンスが加わる。これは要するに「する文」を「ある文」に変えているわけだ。そのお陰で、言外の状況の説明や言い訳として使えるのである。

日本語から「ます」文はなくなるか？

動詞文「である」を起源に持つ「だ」の活躍の場は、強調文だけではない。実は「ます」で終わる動詞文が今後すべて「だ／です」によって駆逐され、日本語からなくなる可能性さえあるのだ。

強調文は「常体＋の＋だ／です」の構造を持つことを指摘したが、どうやら強調文以外の動詞文にも「常体＋だ／です」という形が増えている様子が窺えるのである。

そうした例を具体的に見てみよう。少々古い週刊誌だが、手元にあった『サンデー毎日』の一九九四年一〇月九日号に「小宮悦子のおしゃべり対談」という記事が載っている。この号の対談相手は萩本欽一だ。そこに出てくる否定の動詞文を数えてみて驚いた。動詞文であるというのに「ません」で終わるものが四つ、「否定の常体＋です」で終わるものも四つ、と半数同士で拮抗しているのである。それらをここに列挙してみよう。文の後に発話者を掲げる。なお、ここでは必ず常体が使われる強調文の「んです」や推量文の「でしょう」は除外した。

・「ます」で終わる否定の動詞文

(34)　はじめての気がしませんわ。（小宮）
(35)　二〇人ぐらいしかいませんね。（萩本）
(36)　五日目は劇場に入れません。（萩本）
(37)　どうでもいいやと思って作る番組はうまくいきませんね。（小宮）

・「否定の常体＋です」で終わる動詞文

(38)　はじめてという気がしないですね。（萩本）
(39)　本当は大したことやっていないですよ。（萩本）
(40)　視聴率、なんとかならないですか。（萩本）

（41）この仕事、いい仕事だってやったことないですからね。（萩本）

（38）から（41）まではすべて「ません」でも言える文である。日本語教室では動詞文として「行きます」の次に「行きません・行きました・行きませんでした」を教えるのであるが、今後は否定の別形として「行かないです・行かなかったです」も教えた方がいいかも知れない。

ここでも記憶の経済

否定だけではない。若者の話し言葉を聞いていると「行くっす」「行ったっす」と言っているが、これは明らかに「行くです」「行ったです」が始まっていることを示している。考えてみると、「敬体＝常体＋です」という足し算を、三種類の基本文すべてにおいて実践してしまえば、確かに「記憶の経済」にはなるはずである。次に見るように、すでに形容詞文ではそうなっているし、名詞文も否定文ではその傾向が強くなっている。なお、前記のインタビュー記事では否定の名詞文が四つあるが、インタビュー冒頭の「久しぶりじゃないですかね」をはじめ、ことごとく「常体＋です」で、「……じゃありません」は皆無だった。

形容詞文：赤い・赤かった・赤くない・赤くなかった＋です
名詞文：元気じゃない・元気じゃなかった＋です
動詞文：行かない・行かなかった＋です

敬体の三種の基本文に否定／肯定、現在／過去でそれぞれ四通りの文があるとして計一二通りである。そのうち、上のように八通り、つまり約七〇％の文が「です」で終わるようになったら、もうこの傾向は一〇〇％に向かうしかないのではないだろうか。

一六世紀中頃から一八世紀にかけて、助動詞 Do が「する言語」英語の最後の仕上げをした。だが、日本語ではこれとちょうど反対である。表面上は「だ／です」という形をとっているが、実はルーツが「である／であります」な、存在の動詞「ある」。これが「ある言語」日本語の性格を、さらに強めつつあるのではないだろうか。

さて、以上で第三章「英語を遡る」を終わる。古英語から中英語を経て現代英語へと時代を下ることによって、英語が次第に「する言語」としての性格を強めて行ったことが論証できたと思う。その最大の変化は、古英語から中英語と変わるきっかけとなった一〇六六年の「ノルマンの征服」によって引き起こされた。結局「主語」が発生したのはこの状況下であったと結論を下したい。そして一六世紀中頃から始まったDoの文法化により、駄目押しの「する言語化」がなされた。三世紀にわたって英語が辛酸を舐める契機となった「ノルマンの征服」以前は、英語も日本語と構造上よく似た言語だったと思われる。何よりも、英語にも主語はなかった。

第四章　日本語文法から世界を見る

中動相とは何か

第三章「英語を遡る」では、「主語」が普遍的事実などではなく、英語など一部の印欧語に発生した特殊現象であることを論証した。第四章では、非印欧語である日本語が、様々な分野で一般言語学の発展に新たに寄与できる可能性を示唆したい。とりわけ、ここで紹介する中動相の問題は昔から議論の絶えない分野であり、無主語言語である日本語はそこに大きく貢献できることをお目にかけたいと思う。

貢献できるどころではない。一〇〇〇年以上、いや二〇〇〇年近くの西洋におけるアポリア（難問）のひとつが、日本語文法の援用で解決できるのだ。考察がやや専門的になるので、文法用語が煩わしい読者はこの章を斜め読みしていただいても構わない。

昔から論争の絶えない印欧語中動相の機能をめぐる諸説を分析し、本章では新たな仮説を提案する。「主語論」という切り口で中動相の問題を再考するが、その前にまず中動相とは何か、を簡単にまとめておこう。

中動相（Middle Voice）とは、起源的には古典ギリシャ文法の用語（mesótès）から来ており、その名前の通り能動相（Active Voice）と受動相（Passive Voice）の中間に位置するものとして理解されてきた。一言で言うと「形は受動、意味は能動」であるものである。印欧語では特に古典ギリシャ語、サンスクリット語、ラテン語など古い言語の例がよく挙げられる。とは言え、ラテン語においてはすでに中動相は化石的にいくつかの動詞に残るばかりで、例えば「生まれる（nascor）」、「怒る（irascor）」、「話す（loquor）」、などである。

語尾が -or で終わるのは普通は受動相（受身）だが、これらの例では意味的に能動である点が特殊で中動相と呼ばれる。普通の動詞の受動態（例えば「信じられる・信頼される」の credor）などとは区別されている。

名称がまずおかしい

文法用語として定着してしまった「中動相」だが、実に誤解を招きやすい名称である。これではまず能動と受動があって、その後、その「中間」に新たな中動ができたような印象を与えてしまうからである。

サンスクリット語	Darsayati.	"I show."	「見せる」	（能動相）
	⇧⇩			
	Darsayate.	"I appear."	「現れる」	（中動相）

古典ギリシャ語	Phaínô.	"I show".	「見せる」	（能動相）
	⇧⇩			
	Phaínoma .	"I appear".	「現れる」	（中動相）

表12

実際、ギリシャ文法家が「歴史の流れ」を考慮せずに中動相を理解しようとしたことは、何よりその名称に示されている。コトではなくモノとして見た結果の命名である。しかし歴史言語学的、発生論的な事情はまるで違う。能動相と対立する文法カテゴリーとしては中動相が先行し、その中動相が形はそのままで次第に意味を「受身的」に変えていった、というのが歴史的事実なのである。

ちなみにラテン語では、-or で終わる動詞はほとんど受動相である。すでに「中動相／能動相」の原初対立がなくなって、先に見たような「生まれる(nascor)」などいくつかの化石のような例が残るだけである。こうした中動相は「deponents」と呼ばれる。「取り残された語」の意味である。

何はともあれ、実例から見て行こう。上に挙げるのはサンスクリット語、および古典ギリシャ語における能動相と中動相の対立である。この二言語ではまだ「中動相／能動相」の対立が残っている（便宜上、ギリシャ文字はラテン文字表記に改めた）（表12）。

さて、サンスクリット語もギリシャ語も、中動相の文が二つとも意味が能動的である、という点をまず見てほしい。形は受身と同じなのに、中動相の文が意味的に受身でなく能動だとすれば、この中動相の機能は果たして何か、という点が二〇〇〇年以上も論争のもとになってきたのだ。そして、それはまだ私の知る範囲ではきちんと解決されていない。以下にこれまで出された重要な仮説を挙げてみよう。

（a）伝統的説明

印欧古典語の文法書をひもとくと、まず間違いなく書いてあるのが伝統的説明である。そうした本をひとつ手にとって該当箇所を訳出してみよう。E・ラゴンの『古典ギリシャ語文法』にはこうある（原文はフランス語、金谷訳）。

中動相は、行為に対する主語（＝行為者）の何らかの利害・関心が含まれていることを示す。

伝統的説明のキーワードは「利害・関心」だ。英語なら「interest」である。だから伝統的説明は別名「利害・関心説（Interest Theory）」とも呼ばれる。前の例文でこの説明を確かめてみよう。中動相の例文の意味は「現れる」だ。

さて、能動文の「見せる」に対して果たして「現れる」は「主語の利害・関心」が強いだろうか。これがまったく説明になっていないことは明らかであろう。「利害・関心」云々は、その動詞とは別のレベルの概念ではないだろうか。前の例で言えば「大きな利害・関心を持って」何かを見せることも、どこかに現れることもできる。またその反対に「大きな利害・関心を持たないで」同じこともありうるではないか。

こういった「説明のための説明」が古代ギリシャの昔より二〇〇〇年以上も、現代までまかり通っているとは本当に信じ難いのだが、事実である。私が中動相をテーマに三六年前の一九八三年に修士論文を書いたきっかけも、ラヴァル大学の古典ギリシャ語のクラスでこの説明を聞いて「そんな馬鹿な」と仰天したからである。そして「謎を解いてやろう」と腕を捲《まく》ったのだ。謎は解いたつもりである。

さて、調べてみるとこの伝統的説明にあきれて代案を提唱した文法家が数人いること、しかもそのうち一人は何と日本人であることが分かり、俄然考察に拍車がかかった。以下、特に重要な三名を挙げることにする。果たして彼らの仮説は的を射たものか、批判的に追ってみよう。

中動相に関心を寄せた学者は他にもいる。しかし、多くの場合、結論にいたるまでの論理がスッポリ抜けてしまっている。例えば山下正男《やましたまさお》の『新しい哲学』もそうだ。また英文法の大家O・イェスペルセンですら、次のように悲観的である。

例えばギリシャ語に見られる中動相だが、ここでさして取り上げる必要はない。それを他の文法カテゴリーと区別して明確に特徴づける概念がないからだ。ある場合は再帰的用法だったり、かと思うと主語への漠とした言及だったり、完全な受身だったり、能動と見分けがつかなかったりと、まったく意味がバラバラなのだ。

不思議ではないか。これほど様々な意味に分岐するものが、ある特定の態（ヴォイス）を持っているとは。私はほぼ本能的に、西洋人は「主語は普遍的」と思っているから、そのサングラスのために、中動相の本当の役割が見えないのではないか、と疑った。そして、これからお見せするように、実際その通りだったのである。

(b) G・ギョームの仮説

まず、フランスの極めて個性的な文法家であったG・ギョームがいる。第三章の「ノルマンの征服」でドーバーを渡ったウィリアムと同名（ただしフランス語読み）のギョームはまず、上記の伝統的「利害・関心の仮説」では駄目なことに気付いた。そして「Il s'en faut de beaucoup que la définition ainsi avancée embrasse tous les cas d'emploi. Elle en laisse échapper plus qu'elle retient.（こんな定義では例外だらけで、当てはまるものより当てはまらないものの方が多い）」と憤慨するのである。その意気や良しである。「利害・関心説」を排して彼の提案する「中動相の機能」は以下のものである。

中動相は（行為者である）主語がその行為に対して能動的であると同時に受動的であることを示す。

せっかく期待したギョームだったが、これでは竜頭蛇尾である。「能動的であると同時に受動的」という表現が、ギリシャの文法家たちがそもそも「中動相」と呼んだ立場とそっくりであることを、我々はすぐ見抜けるからだ。つまり、ギョームの仮説による中動相は、時代的に後行する受動相を前提とする時代錯誤である。次の図と文によってそれが明確である。

主語が同時に能動的かつ受動的であるとは、論理的には、左図が示すように両端の中間に位置するということである。

主語の論理的位置

能動相 ↑ （中動相） ↓ 受動相

ギョームの中動相のイメージは、ギリシャ文法家たちのそれと軌を一にしている。中動相が、その名称とは裏腹に、受動相より先に存在したという歴史的事実は変えることができない。従って、ギョームの定義は無効とせざるを得ない。我々は中動相の機能を「能動と受動の対立」を越え、それとはまるで異次元のところに見出さなければならないからである。私は「歴史を重んじない」ギョーム氏に早々と別れを告げた。

（c）E・バンヴェニストの仮説

次なる論者は、同じくフランスのE・バンヴェニストである。彼もまた、中動相の伝統的説明には納得できないとする。伝統的説明は「notion, fuyante et d'ailleurs extra-linguistique, d'intérêt du sujet dans le procès（行為に対する主語（＝行為者）の「利害」などという、捉えどころがなくて言語学にまるで無関係な概念）」だと言うのだ。これで充分予選通過である。では発表していただこう。

動詞の他のカテゴリー、例えば、法、時制、人称や数による変化などは明確に機能が分かっているのに、基本的カテゴリーであるはずの「相」に関しては、なぜ機能がかくもあやふやなのか。

素晴らしいではないか。非常に期待がもてる。しかも次の一言が嬉しい。

我々は能動・受動の対立に慣れきっている。そこから何とかして脱出しなければ中動相・能動相の本当の機能対立は理解できまい。

バンヴェニストは、ギヨームの落ちた陥穽《かんせい》を極力避けようと努めているのだ。この意識化において、バンヴェニストの分析には「脱印欧語」への意欲を感じる。ギョームと違うのは、何よりもその通時的接近法である。（b）のギョームが中動相を共時的に捉えてギリシャ文法家たちを超えられなかったのに対して、バンヴェニストは次のように宣言する。

比較文法学者が受動相は中動相から生まれたことを明らかにしてすでに久しい。印欧語の相において、まずあったのは能動相と（伝統的用語を使えば）中動相の対立であった。

バンヴェニストはこの歴史的見地に立って中動相の機能を捉えようとする。彼がこでわざわざ「伝統的用語を使えば」と断っているのは、「中動相」と呼ぶこと自体が通時的には妥当とは言えず、誤解を招く危険性を意識したものであることは言うまでもない。彼が中動相に代わる新しい用語を提案するのも、その認識の上のことである。彼の提案は、能動相を「外相（diathèse externe）」、中動相を「内相（diathèse interne）」と呼ぶことである。

ここへ来てふと不安がよぎる。ここの「外、内」とは行為や状態が「主語の外に出るか、内に留まるか」を指すもののようなのだ。まことに残念だが、ここで、仏語話者バンヴェニストはやはり「母語の罠」に嵌《はま》って失敗を犯したのではないだろうか。これらは明らかに両者とも「主語の存在を前提としている」からである。ともあれ、バンヴェニストの主張の検証をさらに続けよう。

印欧語が原初は備えていた能動相と中動相の機能対立を発見するために、バンヴェニストの取った手法は面白い。彼はいくつかの印欧古語の中で、動詞によっては能動相、あるいは中動相しか取らないものがあることに注目した。そこで「能動、中動のいずれも取りうる動詞と違って、これら例外的な動詞は、その語彙的意味にすでに能動的あるいは中動的機能が含まれているために重複を避けるからだ」という仮説をたて、二つの相の機能対立は、これらの語彙の意味から抽出できると考えた。古語のうちできるだけ二つの、多くは起源を共にする動詞のみを挙げているところにも彼の慎重さが示されている。

では、以下に彼の挙げている例を眺めてみよう。（S：サンスクリット語）（G：ギリシャ語）（L：ラテン語）（a：アヴェスタ語）

・能動相のみ：〔いる（S）asti/（G）esti〕〔行く（S）gachati/（G）bainei〕〔流

れる（S）sravati/（G）rei〕〔這う（S）sarpati/（G）erpei〕〔折る（S）bhujati/（G）pheugei〕〔吹く（S）vâti/（G）aês〕〔食べる（S）atti/（G）edei〕〔生きる（S）jīvati/（L）vivit〕〔飲む（S）pibati/（L）bibit〕〔与える（S）dadâti/（L）dat〕

・中動相のみ：〔寝ている（S）sete/（G）keimai〕〔回復する（S）nasate/（G）neomai〕〔興奮する（S）manyate/（G）mainomai〕〔座っている（S）âste/（G）êmai〕〔死ぬ（S）mriyate/（L）morior〕〔従う（S）sacate/（L）sequor〕〔主人である（S）patyate/（L）potior/（G）ktaomai/（a）xsayate〕〔喜ぶ（S）bhunkte/（L）fungor〕〔生まれる（G）gignomai/（L）nascor〕〔耐える（L）patior/（G）penomai〕〔計る（G）mêdomai/（L）medeor〕〔話す（L）loquor〕

バンヴェニストは、これら二つの動詞群の意味上の比較から次の判断を下す。

これらを突き合わせると明らかな対立が浮かび上がってくる。（中略）能動相のみの動詞は、その行為が主語に発して他に向かう。中動相のみの動詞では（中略）行為、状態は主語がその座であり他に向かわない。行為、状態の内部に主語がある。

バンヴェニストの提案は、ギョームのそれに比べると歴史的整合性の点で格段の進歩を遂げている。しかし、その結論に我々は同意できない。

まず、方法論であるが、能動相のみ中動相のみの「対立のない」例外的な動詞を横に並べて、その語彙的意味を問うというアプローチは科学的と言えるだろうか。しかも、ここで比べられているのは相としての能動でも中動でもなく、それらを捨象した地平での「動詞の辞書的意味」であり、そのこと自体が仮説の域を出ないものである。

「ある文法事項に言語的意味があるとすれば、それは対立においてでしかない」というのはソシュール以来の構造主義の鉄則ではなかったか。着眼は面白いが、あくまでもヒント、参考程度にしかならないもので、それを根拠にして結論を出してはいけないと思うし、その結論もやはり説得力に欠けたものである。

さて、彼の下した結論だが「他に向かう動詞」とは、印欧語がすでに持っている「他動詞」とどう違うのだろう。そして「行為や状態が主語にとどまる動詞」も結局

「自動詞」と同じことではないか。もし自他の差が能動相と中動相の差であったとすれば、それらは現代印欧語のみか東アジア言語にも重要な対立概念である。それなのになぜ、印欧語から中動相というカテゴリーが消えたのか。そして、なぜ消えたものが自他の対立としてまた蘇ったのか、その経緯の説明も一切なされていない。

また、ここに挙げられた動詞を見ると、バンヴェニストの結論にそぐわないものが多いのに気付く。例えば「他に向かう動詞」として「いる・行く・生きる・流れる」などが挙げられるのは、いかにも不自然だ。同様に「耐える・計る・話す・従う」などは、むしろ「他に向かう動詞」のように思えるが、これらが「行為や状態が主語にとどまる動詞」の側に入っているのも首肯《しゅこう》できない。日本語に翻訳したせいで本来の能動相、中動相的特徴が失われたのであれば、今度は一見バンヴェニストの仮説に合っていると思われるものも、すべて検証し直す必要があろう。

少なくとも、そもそもの大前提であった「あまりに動詞の辞書的な意味が能動相、あるいは中動相的なので」と言えるほどの意味的な差はないという印象は否めない。以上の理由から、天才の名をほしいままにした比較言語学者バンヴェニストもまた、「ミイラ取りがミイラとなった」残念な例であると私は判断せざるを得なかったのである。

(d) 細江逸記の仮説

ギョーム、バンヴェニストに先だって、実は日本にも印欧語中動相の本来の機能を発見しようとした文法家がいたことを知って私は興奮した。一九二八年、論文『我が國語の動詞の相(Voice)を論じ、動詞の活用形式の分岐するに至りし原理の一端に及ぶ』を書いた英文法学者細江《ほそえ》逸記《いつき》がその人である。

この、いかめしくも時代を反映した題名の論文は様々な点でまことに興味深く、もっと注目を浴びてよい労作である。しかも、この中で、細江は「印欧語の中動相は日本語の助動詞『る・らる』と基本的には同じものだ」という驚くべき主張をしているのである。この貴重な論文の存在を教えて下さったのは、修士論文執筆当時、ハーバード大で日本語と江戸文学を教えていらした板坂元《いたさかげん》氏だった。

まず細江は、一般に思われているほど印欧語と日本語は違わない、共通点は特に動詞の相において著しい、と主張する。日本語の助動詞「る・らる」(口語では「れる・られる」)がその機能として「可能・自発・尊敬・受身」を持つことに注目して、実は印欧古語の中動相も(日本語に完全に一致してはいないが)様々な機能を担ったものだ、と説く。中動相の多機能性を示すものとして、細江の挙げている例を見てみよう。英文法の専門家らしく、" "内の英訳も彼のものである。なお、「反照」は今で言う「再帰」のことである。

〈サンスクリット語〉

namati（能動相）"He bends." 折る

折る →←

namate（中動相）"He bends himself."（反照）自分を折る

"He is bent."（受身）折られる

屈む "He bows."（自動詞）屈む

〈古典ギリシャ語〉

phaínô（能動相）"I show." 見せる

見せる →←

phaínomai（中動相）"I show myself."（反照）自分を見せる

"I am shown."（受身）見せられる

現れる "I appear."（自動詞）現れる

印欧語と日本語の共通性を大胆に探る洞察力の鋭さは、特に一九二〇年代という時代を考えると、まさに脱帽ものである。細江の主張の素晴らしさは、まだ言語類型論（タイポロジー）的な考えが未発達だったこの時期に、起源を異にする言語（群）同士にも「充分比較研究は成し得る」と捉えていたことである。彼の視点ははるかに同時代人を凌駕していたと言ってよいだろう。

ちなみに渡部昇一は先にも引用した『英文法を撫でる』の中で、細江逸記が一九二五年に初版を出した『英文法汎論』を毎年上智大学で使っている、と一九九六年の時点で述べている。七〇年以上も前に出た文法書に「替わりうる英文法の本を見つけていない」というから、これは大したロングセラーだ。

さて、論文の題名が示すように、中動相のコア概念とその分岐の様子を通時的に追う試みが論文の第二部ではなされる。細江の結論は以下の三点にまとめられる。

（あ）印欧語には本来「受身・受動相」はなかった。あったのは能動相と中動相の対立である。

（い）中動相は日本語の助動詞「る・らる」と本質的に機能が一致しており、そのコア概念は印欧語も日本語も「反照」である。そこから「反照、受動、自動」と分岐発展した。これを「反照、受動、自動の法則」と名付ける。

（う）受身が本来不在なのだから、能相も中相も広義の能相に含まれる。紛らわしいので前者を「過向性能相」（ある動作が甲から出て乙に過向し、その乙を処分する）、後者を「不過向性能相」（＝反照性能相）（動作は行為者を去らず、その影響は何らかの形式において行為者自身に反照する）と呼ぶ。

上記の（あ）と（う）が前述のバンヴェニストの仮説とそっくりな様子はどうだろう。（い）「反照」を「行為者自身への影響」と捉える点では伝統的説明の「利害・関心」に通じるところもある。「時間」という軸を考慮しなかったギョームは論外としても、フランスの言語学界を代表するバンヴェニストに四〇年近くも先んじて大胆な主張をした事実は、日本語から一般言語学への寄与をした点で、一人細江の名誉に留まらず、日本言語学の名誉のためにも記憶されなくてはいけない。この時代に「その言語事実は日本語にもある」と指摘したにもかかわらず、今では人々の記憶から遠ざかっているのはまことに残念である。

まさに日本の誇るべき細江の論だが、明らかに失敗と思われるのは「反照（＝再帰）」を中動相の原始（コア）概念としてしまったことである。細江は、印欧語にはない日本語独自の中動相の発展として、「反照、受動、自動の法則」は守りながら、さらにもう一本の機能分岐が起こったとして、それを「自然の勢」と名付ける。「る・らる」に見られる可能や尊敬の機能は、そのさらに下位部分として位置付けられるのである。図がその経緯を示している。枠内が日本語における独自の発展である（図19）。

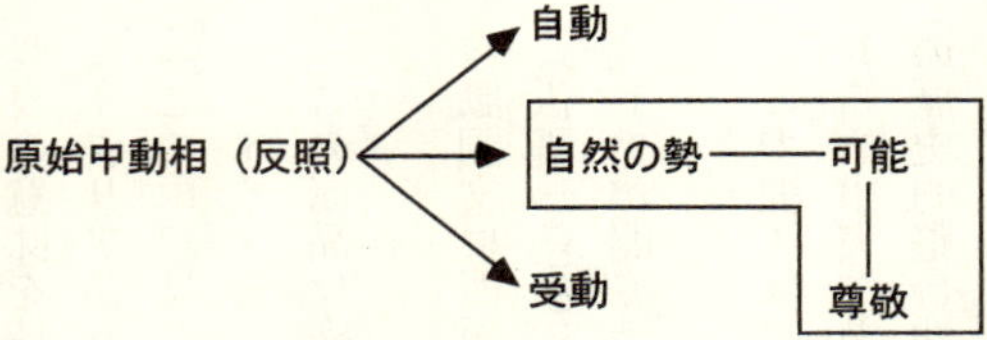

図19

この図に説得力がないのは、そもそもどうしてこの順序なのか、という論理が充分明らかに示されていないからである。僅かに、現代の印欧諸語の受身、自動詞文が双方とも時として再帰文で置き換えられる、という指摘があるばかりである。次の例が挙がっている。

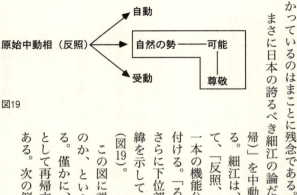

受身の意味を持つ：

（イタリア語：Come si pronunzia questa parola?）

「この単語はどう発音されますか」

（スペイン語：Estas mercancías se venden.）

「この商品は売られている」

自動詞文に匹敵する：
（仏語：La porte s'ouvre.／ドイツ語：Die Tür öffnet sich.）
「ドアが開く」

ここで細江は図らずも大きな過ちを犯してしまった。これらの「言い換え可能性」は共時的事実であるのに、それを通時的説明に援用したことである。中動相と受動相との歴史的整合性に関して注意を怠らなかった細江にしては、まったく信じ難いことである。第一章でも述べたが、再帰構文は印欧語にあってさえかなり後期に発展したものであることはすでに指摘されている。細江の「反照、受動、自動の法則」は、これらの機能分化が見られるという論理なら正しいが、通時的にこの順序で分化したという主張なら明らかに誤りである。

やはり、英語学者の細江に伝統的「利害・関心の仮説」の影響は大きかったのであろうか。細江の過ちは日本語（や他の東アジア諸語）ではさらに明らかとなる。これらの言語では、現在ですら再帰構文が定着しているとは言えないからだ。

以上、三人目の学者として細江逸記の論を紹介し批判した。世界に向けて難問に果敢に取り組んだ姿勢は大いに評価するが、結論には賛成できなかった。注目すべき内容ながら、中動相の機能を細江もついに明らかにできなかった、というのが私の結論である。

それでは、以下に私の考えを明らかにしたい。

(e) 無主語文という視点

私は二つの考えに啓発された。第一は細江の「印欧語中動相を日本語の視点から解く」という大胆な試みである。結論はどうあれ、この積極性には魅力を感じた。日本語もまた世界の言語理解に貢献できるはずである。第二は比較文法の立場で「受身」の機能を問い直した研究である。特に比較言語学のA・メイエの研究に大いに影響を受けた。

受動相に中動相を解く鍵があると思われたのは、何よりも前者が後者から発展した、という歴史的事実による。さらに、バンヴェニストのアプローチと違い、少なくとも受動には能動との「対立」が現在もある。対立があるから、動詞そのものの語彙的意味を問うことなく受動の機能が推し量れるはずである。受動の機能は、全部とは言わずとも一部は中動相の機能を残している、と思われた。

「受身文にはそれ独自の機能がある」という考えは、生成文法の変遷において、チョムスキーのいわゆる「標準理論」（一九六五）が一九七二年の「拡大標準理論」へと変更を迫られたひとつの理由が受動文にあったことからも、強く感じられた。「受動文は核となる能動文の構文を変形して得られる」とする標準理論は、ここで意味論の立場からの多くの反例を突きつけられたのである。例えば、数量を含む文で「多くの人が僅かの本しか読まない」と「僅かの本しか多くの人に読まれない」は意味がかなり異なること、英語などに多い報道記事での擬人表現（例「一九六三年が大統領の暗殺を目撃した」）が受身文（「大統領の暗殺が一九六三年に目撃された」）とはなりにくいこと、などが標準理論では説明できなかったからである。

中動相の真の役割を探究して、私の考察はまず受身へと向かった。そこに二人の力強い味方が現れたのである。それがA・メイエとJ・ゴンダだった。

メイエとゴンダという味方

すでに二〇世紀初めに「受動文は能動文の裏返しではない」と『歴史言語学と一般言語学』で明確に宣言しているのはソシュールの弟子、A・メイエである。

受動文の本来の役割はある行為や状態の過程において、行為者が考慮されないことにある。（中略）もし受動文が能動文と紙の裏表の関係にあるだけであれば、その役割は無意味であろう。受動態を言語表現のツールとして我々が重宝しているのは、それが何よりもある行為を人為的な介入とは捉えず、あたかも自然にそうなったと表現するところにある。（訳および傍線は金谷。以下も）

これを別の観点から指摘した学者に、サンスクリット語の研究で有名なJ・ゴンダがいる。ゴンダは受動文に（単なる能動文の変形であれば現れるはずの）行為者（英語ではby～）が、実際にはほとんど現れないことに注目した。そしてその傾向は印欧語の古いものにおいてことに顕著である点に注目した。

一万三〇〇〇もの中世ドイツ語の諺に「行為者を伴う受身」は皆無であり、ローマの詩人プラウトゥス七〇〇〇行の作品で二例、中世フランス語の叙事詩『ロランの歌』では四〇〇〇行の中に三例である。ホメロスの『イリアス』の初めの六巻はおよそ五〇〇〇行あるが、その中に「行為者を含んだ受身文」は五つしかない。ゴンダはこれらの資料をも踏まえて、サンスクリット語の受動態の機能を次のように説明する。

主語は多くの場合、問題とならない。作者の意識にないのだ。ある出来事が行為者によってもたらされたのでなく、「自ずから」(automatically) 出来《しゅったい》したのだ。出来事として生じたのである。それだけだ。

さらに注目すべきなのは、ゴンダの次の発言である。

イエスペルセンの教え子が統計調査したところによると、英語の受身文でも七〇―九四%は行為者を伴わない。英語は行為者を伴う場合が他言語と比較すると多いにもかかわらず、である。

受動文の本来の機能が「行為者を表現しないこと」にあること。その証拠として、時代を遡れば遡るほど構文としても文から行為者の姿が消えていくこと。この二つの言語事実と、受動態が中動相に発している事実を突き合わせてみれば、現代印欧語における受動態に関して次のことが言えるだろう。

それは、受動態は「その本来の機能から次第に遠ざかっていきつつある」ということに他ならない。そして、その逆方向に時代を遡れば、メイエの言う受動態の「本当の機能」と中動相の機能はひとつに収斂すると言ってよいだろう。ここで明らかとなった私の結論は次のようなものである。

「印欧語古語には、行為者を前面に打ち出す能動相と対立する文法カテゴリーとして中動相があった。その機能は行為者の不在、自然の勢いの表現である」

結局、中動相は実は「印欧語における無主語文」なのである。つまり、ここでも主語が普遍性を持たないことが論証できたわけだ。もちろん、中動相にも人称変化はある。人称語尾は、第三章で述べた「行為者ではなく、出来事の場所としての人間」を表すものだ。『主語はいらない』で考察した日本語の動詞における自／他の機能対立と、能動相と中動相のそれは時空を超えて、タイポロジー的にまったく共通のものである。また、自／他動詞の機能対立が、形態的にも意味的にも使役や受身と直線でつながっていることも『主語はいらない』で指摘したところで

出つくした議論の果ての袋小路

日本語主語論の発展として、一般言語学の難問とされてきた中動相の問題について考察した。過去の中動相機能をめぐっての宝探しも、印欧語的先入観に邪魔されて結局は実を結ばなかったと思われる。その先入観の最たるものが「主語」を普遍的概念とするものであることは、この章で明らかになったと思う。

振り返れば、本章で検証した四つの仮説（伝統的説明・ギョーム・バンヴェニスト・細江）には大きな共通点があった。それが「主語の存在」である。全員が、主語つまり「主格」とそれ以外の何らかの文法格の共存を主張している。今ここでまとめてみると、

（a）伝統的説明では「利害」という考えだから、これは「主格（が）」と「与格（に・のために）」の共存である。
（I do it for/to me.）

(b) ギヨームは能動と受動の狭間《はざま》に中動相の機能を求めたのだから、「主格（が）」と「対格（を）」を同時に一文に見たことになる。

(I see him and he sees me.)

(c) バンヴェニストはどうだろう。行為者に行為の場所を措定《そてい》することにより彼は中動相が「主格（が）」と「位格（で・に）」を共有すると考えた。

(I grow in myself.)

(d) 最後に紹介した細江は再帰を中動相の古層に見たのだから、再帰文内での「主格（が）」と「対格（自身を）」の重複である。

(He bends himself.)

ここには、もうこれ以外の可能性はないほど、主格以外の文法格が使われた様子が見える。しかし、これらの文法家の誰一人として、主語（行為者）そのものの必然性、普遍性を検証してみようとはしなかった。これまでの幾多の議論が結局袋小路に陥っているのは、その先入観から脱し切れていないからである。考えようによっては、もう主格と共存できる格はほとんどないから、これ以降、中動相の説明はもう出てこないと言えるかも知れない。

その点で、中動相は日本語文法における「象鼻文・ウナギ文・こんにゃく文」をめぐる一連の「疑似論争」が出つくした状況に似ている(これについては『謎を解く』で詳述した)。

日本語は世界に寄与できる

日本語や東アジア諸語が一般言語学の問題を解決できる明らかな実例として、印欧語古典語の中動相をご紹介した。

だが、日本語文法が一般言語学に寄与できると思われる領域は中動相だけではない。大いに有望と思えるのは、バスク語・グルジア語・オーストラリア土着語などに見られる能格現象(ergativity)の場合である。能格構文はかなり詳細に記述されながら、一体「なぜ」能格という現象があるのか、他のタイプの言語とどういう「棲み分け」をしているのか、についての議論はまだまだ不十分であるからだ。

私は、能格の機能もまた、ここで見たような「無主語文」を援用してこれまで解明されなかった新たな知見が得られると思うのだが、紙面の都合もあるので、それはまた別の機会に譲ろう。

他動詞SVO構文を最大の武器とする典型的な「する言語」英語を人類の代表的な言語とみなし、普遍文法化することは、角田太作の傑作な地口《じぐち》（エゴ＝英語）を借りれば、まさに独りよがりな英語中心主義「Eigo-centrism」である。これほど特殊な英語的事実を、むしろありふれた言語である日本語に適用させようとするのは空しい努力だ。その方向とは逆に、日本語（や東アジア諸語）が一般言語学に寄与できる方向を探る方がどんなに生産的で、どんなに二一世紀の時代の要請にかなっているか知れない。

すでに陳腐な表現となった「受信から発信へ」だが、明治以来一〇〇年にわたる不幸な日本語の学校文法の抜本的改革を通じて、日本語教育と一般言語学への貢献という「二重の国際的寄与」が今ほど求められている時はない。高田宏が編集していた『Energy』誌上に三上章は「世界語への寄与」という記事を寄せ、印欧語と日本語が類型論的に違うのは、日本語にとっての「地の利」であると指摘した。そして「日本人としてこのような有利な地位を自ら棄てるのは、いわれのないこと」という服部四郎《はっとりしろう》の嘆きを引用している。「有利な地位を自ら棄てる」学者の多さに私も呆れるばかりだ。最終章「最近の主語必要論」では最近のそうした顕著な例を見てみよう。

第五章　最近の主語必要論

黙殺された三上文法

私の「主語論三部作」掉尾《ちょうび》の本書も、はや最終章となった。二〇〇二年一月以来、二冊の書を世に送って痛感するのは、日本という風土がいかに論争に向いていないか、ということである。論争、議論ほど三上章が生前望んだものはなかったろう。三上を不幸な死に追いやったものは、つまるところ、三上の優れた文法理論を一蹴した学界であった。三上は文字通り「黙殺」されたのだ。

三上文法が黙殺された真の原因を正しく指摘しているのは、庵功雄《いおりいさお》の『「象は鼻が長い」入門』である。タブーと言っていいほど「取りあげにくい問題」を、学界内部からこれほど率直に論じることは極めて珍しいと思うので、その姿勢を歓迎したい。私はこれを読んで正直、自分の目を疑った。

まず庵は、「国語学関係の分野においては三上の諸説は高く評価されていたとは言えないようである」と認め、その理由を「三上が『アマチュア』であり、学界の中心にいなかったという事実ではないかと思われる」とする。ならばアマチュアとは何か。

少なくとも、文法を教えることによって生活の糧を得ていなかった、さらに、大学に職を持っていなかった三上は、今日の基準からしても、当時の認識からしてもアマチュアであったものと思われる。

俺自身はこうした不幸な状況をどう考えているのだろう。それを知りたいところだが、分からない。私はと言えば、これを読むだけでも国語学界の性格と志向は明らかだと思う。つまり国語学界にとって、理論の内容はどうでもいいのだ。学界のウチにいる人間の考察か、ソトにいる人間の考察か、が最大の問題となるのである。それを「今日の基準からしても」と言うところが恐ろしい。

学界という排他的「村」の論理

俺の次の言葉は、さらに明確に国語学界の差別体制を示している。また、こうした「村の論理」を目の当《ま》たりにすると、第二章で期待した「他者に開かれた地球村」成功のために、日本人が指導力を発揮できる可能性はさほど大きくなさそうだ。もし、『主語廃止論』を、橋本や時枝が述べていれば三上が受けたような抵抗を受けることはほとんどなかったのでないかと思われる。つまり、三上の『主語廃止論』が普及しなかった最も大きな理由は、その内容が突飛だったとか、用語が難解すぎたとかいうことではなく、三上が一介の高校の数学教師だったためであると言えるのではなかろうか。

まことにその通りだったのである。しかし庵自身は三上を「一介の高校の数学教師」と考えているのか、いないのか。「アマチュア」の理論に学問的価値はないのか。そして国語学界の差別体制をどう考えているのか、と再び問いたい。ここですでに明らかな「自分の意見をはっきり言わない」庵の姿勢はこの先で指摘することにする。

「一介の高校の教師」だったことは、西田幾多郎も同じである。第一章でも述べたように、『善の研究』は西田が金沢の高校（旧制）で主にドイツ語を教えていた当時にすでに書かれているのである。名著『善の研究』も、西田が京大に職を得ていなかったら注目を浴びなかった可能性が大きい。

人間の価値を「何をするか」でなく「(肩書は) 何であるか」で判断するのは、多くの日本人に巣くう権威主義である。初対面で何よりも先に名刺交換する習慣はそのためだ。その理由は、丸山眞男が『「である」ことと「する」こと』でも指摘したように、現状維持と先例主義を優先して、積極的変革に臆病な「である思考」に囚われているからだ。導入以来すでに一〇〇年を過ぎてなお「主語」が学校文法から払拭されないのは、こうした権威主義と学界の排他主義のためである。

事実を言えば、日本語文法において『善の研究』に匹敵する一書が三上の『現代語法序説』なのである。庵の言うように、この本を橋本進吉が書いていたら、とっくに学校文法から主語は消えていたのだ。渡部昇一が、一九二五年に初版の出た細江逸記の『英文法汎論』を毎年上智大学で使っていると述べたように、半世紀前の一九五三年に世に問われた三上の文法書とその後の連作に替わりうる日本語文法の本は出ていない、と私は見ている。

哲学における西田幾多郎のように、そこには土着主義、つまり西洋からの借り物ではない日本独自のものを探究した思想があり、それが屋台骨となって、三上文法の価値は揺るがない。真に学問的価値のある理論であれば、誰が書いたものでも時代を越えるのだ。「一介の高校教師」であろうと「大学の名誉教授」であろうと、それはまったく問題ではない。

「日本語学」の三上離れ

どうやら私もまた「黙殺」されるという点で、三上の後塵を拝する栄誉に与りそうである。『主語はいらない』では大野晋、久野暲と柴谷方良を、『謎を解く』では町田健の主語擁護論をかなりの頁を割いて批判したが、これまで反応らしきものは聞こえてこない。書評はいくつも出て、ほとんどが好意的なものだったが、私が批判した文法家たちは揃ってだんまりを決め込んでいる様子だ。

考察が批判されたのが私であったら、何をさておいても弁明、あるいは再反論、あるいは批判を受け入れる意志表明をすると思うのだが、何とも張り合いのない「暖簾《のれん》に腕押し」である。疑似論争であったとは言え、前世紀末の総主論争、七〇年代のウナギ文論争の時のような百家争鳴ぶりは一体どこへ行ってしまったのだろう。カナダ在住の私の耳が遠いだけであったらよいのだが。

さて、最近とても気になるのは、三上章と、三上を師と仰ぐ寺村秀夫の流れを汲む文法学者の中に、三上の主語廃止論を否定する主張が見られることである。

「日本語学」と言われる学者グループの中から、ここでは先に引用した庵功雄の『「象は鼻が長い」入門』と仁田義雄の『日本語文法研究序説』を取り上げてみよう。私は日本語教育界に属する人たちのこうした「三上離れ」を深く憂慮する。その立場から彼らの論点をつぶさに観察して論評を加えたいと思う。そして「三上離れ」の源流は寺村秀夫その人にあったことを指摘する。「天と地の言語学」からは少しテーマが外れるが、これをもって本書の最終章としよう。

庵功雄の主語必要論

『「象は鼻が長い」入門』は、三上の文法体系を俯瞰するための入門書として役に立つ本である。その中で、僅かに脚注の二行だが、拙著『主語はいらない』が取り上げられている。そこを私の論評の出発点としてみよう。

金谷は三上の議論の擁護のために、生成文法の考え方を激しく批判しているが、筆者にはその必要性が余り感じられない。

庵にその必要性があまり感じられないのも道理である。庵は（柴谷方良や原田《はらだ》信一《しんいち》の）生成文法と三上文法の共存を考えているからである。だから「主語廃止論と主語存続論は共存できるのではないか」とも言えば（Li & Thompson の論文に言及しながら）「日本語とヨーロッパ言語との違いは質的なものというより、文法化の程度による量的なものということになる」とも言うのである。俺が他の箇所で紹介している仁田の主語擁護論については、この先で論評しよう。

イタリア語などを「proDrop」の言語である、とあっさり認めてしまう俺は、別のところでは、久野や柴谷とまったく同じように「自分」を無批判に日本語の「再帰代名詞」と見なして「田中さんは自分の顔を叩いた」をその例として挙げている。この文の「自分の」などは英語ですら「himself」にならず、せいぜい「his (own)」の所有形容詞であることは本書の第一章でも述べた通りだ。すなわち、この文はそもそも再帰文ではない。

結局、俺の基本的な問題は、主語をめぐる様々な立場に、自己の独自の立場から論評を加えることをせず、すべて認めてしまって、総花的に紹介しているだけだということである。それらを総合的に比較考察して、自分はどう思うのか、俺自身の主張が聞こえてこない。

それは俺が筆者として名前を連ねている『日本語文法ハンドブック』にも窺えるこ

とだ。この中の「コラム」のひとつ「主語」は内容から言っておそらく俺が担当したものと思うが、三上、柴谷、仁田の三名の主張を紹介し「主語については（中略）様々な考え方があります」で終わっている。これでは主語擁護論の方が二：一で多く、三上が明らかに劣勢だし、さらに呆れたことに「いずれにしても、教育上重要なのは、主語と主題の違いを理解することです」と強引にコラムを閉じている。つまり俺は日本語に「主語」と「主題」が両方あると認めているわけだ。三上の「主語廃止論」からの明らかな後退、乖離である。

共存できない主語廃止論と擁護論

主語廃止論と擁護論は、俺が呑気に思うように平和共存できるものではない。三上が主語の「抹殺」という言葉まであえて使った学問的厳しさを思いやるべきである。桑原武夫が「土着主義」と呼んだのは、まさにその厳しさの故である。俺はこの本で「三上は寺村と共に日本語学の礎を作った人物なのである」と言っているが、三上の礎こそは「主語廃止論」なのだ。日本語に主語を認めるのは、礎を作った三上文法の礎を壊すことである。これはまるで「イエス・キリストの教えは永遠だ」と持ち上げた直後に「でも神はいない」と言うようなものだ。三上の死後「日本語文法の父」という美称を与えて、返す手で「しかし主語はある」と主張した久野暲の二番煎じである。

『主語はいらない』を評して「生成文法の考え方を激しく批判しているが、筆者にはその必要性が余り感じられない」などと宣《のたま》う庵だが、三上文法の学問的真摯さと厳しさを分かってほしいものである。私は三上の激しさに見習いたいと思うし、生成文法論者に対する私の批判が庵の言うように激しいとしたら、逆に励まされる思いだと言っておこう（生成文法家から拙著に批判があったというので腕まくりをして読んでみたら、「(proDrop ではなくて) ProDrop と最初を大文字で書いたのは初歩的な間違い」というだけのことで大いに落胆した）。

庵には「主語廃止論は三上の生前には必ずしも広く受け入れられたとは言えないが、その死後三〇年を経た現在では学界において、ある種空気のような存在となっているように思われる」のだそうである。「空気のような存在」とは「当たり前すぎて誰もその真価を疑うこともしない」という意味であろうが、もし空気のような文法理論が今の日本にあるとすれば、それは橋本学校文法のことである。もし庵の言うように、主語廃止論が「空気のような存在」であるなら、なぜ「生成文法との共存」などを謳って庵自身が主語を認めようとするのか。

学力低下に貢献する「主語」

主語廃止論がまったく「空気のような存在」になっていないことを実例で示してみよう。『論座』（二〇〇二年六月号）に、現在社会問題化している「学力低下」を扱った記事がある。「学力低下の実態に迫る」と題して、関西の小・中学校二七校で実施された学力調査の結果が発表、分析されている。その中で国語の結果が興味深い。

興味深いのはなぜかと言うと、国語の試験は「長文読解・漢字・文法・文章構成・語彙」の五部からなり、その「文法」の中の設問に「主語・述語」が三問出題されているからだ。今回が何回目なのか知らないが、この調査は同じ質問をして正答率を過去の成績と比べる方法をとっている。三問の中から「特に（正答率の）低下の大きかった問題」をここに掲げてみよう。文（42）の主語と述語を当てさせるという問題だ。対象は小学五、六年生である。正答率は極めて低く、八九年の調査でも三三・三%だったが、今回はさらにその半分以下の一五・九%であったという。

（42）　わたしは、先生に教えてもらった本を買った。

「文には主語と述語がある」というのが現行の橋本学校文法で、例えば「何がどうする」が「主語＋述語」なのだから、出題者の期待する「正解」はきっと、主語が「わたしは」で、述語が「買った」なのだろう。しかし私に一〇〇パーセントの自信はない。述語は「先生に教えてもらった本を買った」か、とも思う。

　そもそも、こういう質問にどういう意味があるのだろうか。私には日本式「減点主義」の常套手段である「引っ掛け」にしか見えない。英語との比較の上で教師は理解しているのだろうが、英語をよく知らない小学生にはまったく迷惑な話である。

　第一、「主語」なんてものは日本語にないのだから、この文にもない。「わたしは」は主題だ。これが「空気のような存在」となっていると俺が主張する主語廃止論の悲しき実態である。

　主語廃止論が空気のような存在なのは学界においてなのだ、と俺は言うかも知れない。私が問題にしているのは学界ではない。日本の国語の教室、そして外国人に対する日本語教室の「現場」の方だ。「神の視点」の学界よりも、私には「虫の視点」の教室が大切なのである。

　『日本語学』（二〇〇三年六月号）には、『「象は鼻が長い」入門』と山崎《やまざき》紀美子《きみこ》著『日本語基礎講座――三上文法入門』の二冊についての井上優《いのうえまさる》の書評が掲載された。

そこに拙著『謎を解く』についてのコメントがある。私が三上文法について「国語学界や言語学界からはいまだに正当な評価を受けていないのは誠に残念なことである」と書いたことを受けて、山崎紀美子と私が一蓮托生で批判されている。「しかし、今の時代において、三上章の名を知らない日本語文法研究家はいない。また、現代の日本語文法研究は、いろいろな形で三上の文法論を消化吸収している」と、上記の庵と同じようなことを言って反対しているが、これは反論になっていない。三上の名前が知られたり三上理論を他の学者が消化吸収したりするのは嬉しいことだが、それだけでは三上文法が正当な評価を受けることにはならない。金田一春彦が言うように、いまだに三上文法とその後継者は「裏街道」なのだ。私にとっての「正当な評価」とは、橋本学校文法を三上文法で置き換えることをおいてない。「正当」とは亜流、反主流ではなく、ここでは「正統」の意味でもある。

では、続いて仁田義雄の主語擁護論を眺めてみよう。こちらは庵よりさらに深刻だ。なぜなら、仁田は、庵によれば「三上が寺村と共に礎を作った」日本語学の学界で組織されている「日本語学会」の初代会長だからである。その仁田が三上の主語廃止論に反対なのだから驚く。ひとしきり『日本語文法研究序説』を論評してみよう。これは、三上の処女作『現代語法序説』を意識したタイトルなのだろうか。題は似ていても内容は「天と地の違い」である。

仁田義雄の主語必要論

主語とは何であるのか、といった問題は、古くて新しい問題である。色々な立場・観点から考察が加えられながらも、未だにすっきりとした解決が与えられているとは言えない難問である。（下線は金谷。以下も）

こう述べた後で、いきなり仁田は主語必要論を展開してしまう。三上章によって、主語が不要／有害であることはすでに実証され、「すっきりとした解決が与えられている」と私には思えるのだが、仁田はそうは考えないようである。

仁田が主語を設定する理由を述べているところを引用してみよう。私が『主語はいらない』で論駁した柴谷方良の主語必要論も登場する。仁田は、柴谷の主語必要論に結論としては賛成するがその方法論には反対だ、と述べるのだ。

主語と補語との間に絶対的な違いがあるとは思わないが、文法的意味や他の成分との関係のあり方において、補語とはそれなりに異なりを有する存在として、とりあえず主語を設定する。柴谷などの文法機能による主語設定は、明示的な統語的証左を示しながらの設定論である、という点において、わけても注目すべきものだと思う。しかし、本章では、この種の行き方を取らない。

柴谷の理論を「わけても注目すべきもの」と私は思わないが、その理由は『主語はいらない』をご覧いただきたい。ここで眺めるのは仁田の主語論である。仁田は主語をどういう方法論で考証するのか。その主語必要論の骨子のみをここに紹介してみよう。

主語は必要だ、と言う仁田にとって、主語と補語の違いは何だろう。

述語は、述語の表す語義のあり方によって、それが表している動きや状態や関係を実現・完成するために、最低限必要になる名詞句をいくつか要求する。その中で、事態の中心といった位置に引き上げられた成分が、主語であり、残りの他の要素が補語である。

この主張は明らかに間違っている。他の箇所でも「述語が必須的に要求する要素」

という表現があるが、日本語では、述語が「名詞句を要求したり」などしないのだ。主語や目的語がないと文が作れない英語ならそれが言える。日本語の述語が、もし補語が必要でなければそれだけで文となれることは第一章で見た通りである。仁田が論じているのはプレスリーのジャンプスーツの着用を義務化する英文法であって、日本語文法ではない。

仁田の文法の「英文法への接近」は、翻訳臭の強い多くの表現にも明らかである。例えば「主要語性が低い」あるいは「逸脱性を有する文」などだ。この二番目などはSVO構文をさらに名詞修飾した英語直訳調である。仁田の分析の発想がそもそも英語であるからだろう。「逸脱性を有する文」は「文は……から外れている」とした方が日本語としてははるかに読みやすい。

さらに仁田による主語の定義としては、こういう箇所がある。非常に分かりにくい文であるが、定義なので引用するしかない。

これでは、いまだ非明示的であり、操作概念として不十分であるといったことを承知しながら、本章では、主語を概略次のように規定する。『主語』とは、述語の表す動きや状態や関係を体現する主体として、文の表している事態（文の叙述内容である出来事や事柄)が、それを核として形成されている、といった事態の中心をなしている構成要素である。

これで「概略」というのだから驚く。「核」と言おうが「事態の中心」と言おうが、それは解釈を要する主観的なものであろう。大体、仁田が主語として挙げている例を見ると、要するに橋本学校文法で言うところの(意味上の)主語であって、ほとんどが行為者である。だからその名詞についている助詞は「が」「は」「も」「ゼロ」と何でも構わないのだ。

意味の上での行為者を「主語」と命名するのだが、命名すること自体が仮説の域を出ないものだ。しかし、言語学者バーナード・コムリーが言うように「命名は説明ではない(A name is not an explanation.)」。命名した後に、仁田が文の中にそれら「主語」をせっせと「再発見」しているにすぎない。これは単なる循環論であり、私が『主語はいらない』で論駁した柴谷や久野、『謎を解く』で批判した町田の主張とまったく同じ種類のものだ。

概して生成文法の影響下にある文法学者には、このように演繹的、抽象的な操作に走る傾向が強い。抽象的なのは「神の視点」から英文法を頭に思い浮かべて机上の空論をしているからだ。これでは、現行の学校文法が擁護されて橋本は喜ぶだろうが、仁田が会長をしていた日本語学会の礎を作った三上はまったく浮かばれないだろう。

さて、仁田が主語の必要性を主張する最大の理由を眺めてみよう。それが次に挙げる「モダリティと主語の共起性（人称制限）」である。

モダリティと主語の人称性

まず次の文で、「{僕／＊君／＊彼}は」を、仁田は主語であるとみなす。

（43）{僕／＊君／＊彼}は酒が飲みたい。

そしてここに挙げた三つの人称の中で、「僕」はいいが「＊君／＊彼」とは言えないことに注目する。話者の心的態度（モダリティ）と主語の人称性には相関性があって、例えばこの文における述語「飲みたい」が表出する話者の希望の場合、使える主語は「僕」だけだ。こうした相関性が、主語以外ではない、と仁田は主張する。例えば、と次の文を挙げ、ここではすべての人称で文が可能である、と主張する。

(44) なによりも{私／君(自身)／彼}をもっと鍛えろ。

言い換えれば「主語のみが述語の発話・伝達のモダリティと特別な関係を結んでいる」というのである。以上が仁田の主語必要論だ。

それではひとしきり反論を展開してみよう。まず、上の最初の文「僕は酒が飲みたい」だが、どう見ても「僕は」は主題であって主語ではない。この文に「主語」があるとすればそれはむしろ「酒が」の方だろう。もっとも、三上にならって私なら「酒が」を「主格補語」と言う。つまり主語など初めからないのだ。

百歩譲って、「僕／*君／*彼・は」を主語だとしてみようか。「飲みたい」が「僕は」だけしか可能でないのは、本書で主張した「虫の視点」のせいである。虫の視点は、見えない「一人称」と、見える「二、三人称」を区別する。それだけのことだ。第一章で挙げた「ここはどこですか」だと逆に、一人称だけが不可能だが、これも「一人称」と「二、三人称」の間の亀裂という点では同じである。

(43)も「ここはどこですか」も、「自分を含めたすべての人称を上空の神の視点から眺め下ろす」英語であれば、すべての人称で言えるのである。仁田の例文は「視点論」でずっと平易に説明できるものであり、主語などを持ち出す必要はまったくない。

それにしても（44）の中の「なによりも私をもっと鍛えろ」などという例文には苦笑せざるを得ない。仁田氏にはなによりもご自身の日本語を鍛えてほしいものである。このような文は一体どんな文脈で使われる文なのだろう。かなり想像力が要る。ボクシング・ジムで、他のボクサーは鍛えているのに、自分だけ無視されているボクサーである私が、怒ってコーチに言う文だろうか。いずれにしても特殊な文脈が必要で、自然でありふれた文ではない。自分の「理論のための理論」の都合に合わせて仁田が作文したものである。こんな文に比べたら、仁田が非文とする「君は酒が飲みたい」などの方がずっと自然である。この調子なら「Where am I?」を「ここはどこですか」の代わりに「僕はどこにいますか」だって、仁田なら認めるかも知れない。

それから、

（45）｛＊私／君／＊彼｝が彼女にその事を伝えてくれ。

などという文を「証拠」として挙げてもらっては困る。「伝えてくれ」は相手に対する依頼ではないか。それを自分自身「私」や、そこにいない第三者「彼」に使わないのは、日本語だけでなくどんな言語だって同じだろう。

人称論と日本語

反論としては「人称論」そのものの可能性を疑う方が重要かも知れない。すでに第一章でも述べたが、そもそも人称を前提とした議論が果たして日本語で成立するか、を問うべきである。私は大いに疑問であると思う。少なくとも英語等の人称と日本語のそれとは、同じレベルのものではない。英語においては、「私」自身を「神の視点」から眺めるもう一人の私がいる。状況から引き離された高みから「I/You/He/She/They」など、すべての人称が見下ろされる。この客観性が、動詞活用とも深く関わる人称を議論する上での前提条件である（図20）。

一方、日本語における話者は「虫の視点」におり、つまり状況の中に入り込んでいる。そうすると一人称である「私／僕」は自分には見えないから客体化することができない。そもそも、人称を前提とする動詞活用なども存在しない。

話者自身が見えない地平では、人称論は成立しにくいだろう。二人称、三人称などと称される「あなた」「彼／彼女」なども実際の用法は限られたものだ。それでも、見えない話者（一人称）とそれ以外（二、三人称）の断絶があって、ここが英語と大違いである。仁田が注目する「飲みたい」などの主観的な表現は、確かに話者にしか使われないが、それはこの断絶の結果である。客体化の可能な二人称、三人称にはそのまま使うことができない（図21）。

結局、仁田の人称論とそれとの関連性で主語を必要とする論法は、久野や柴谷の「自分」を再帰代名詞と無批判に認定する論法とよく似ている。つまり、英語と日本語ではまったく状況の違うものを双方取り出してきて、それらを強引に同じものと認定するやり方だからだ。

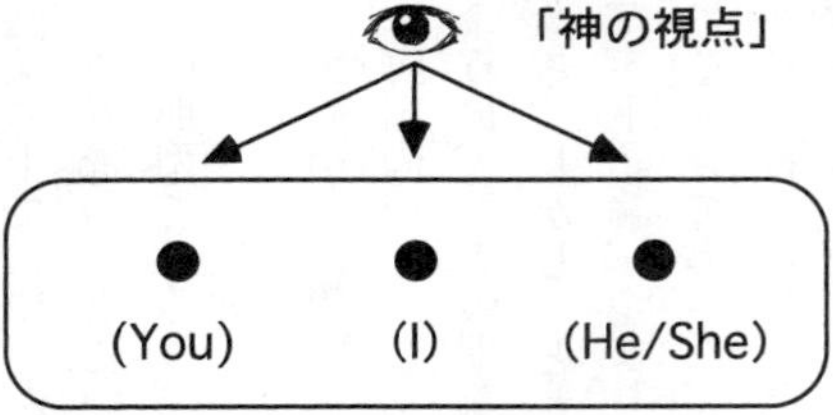

図20

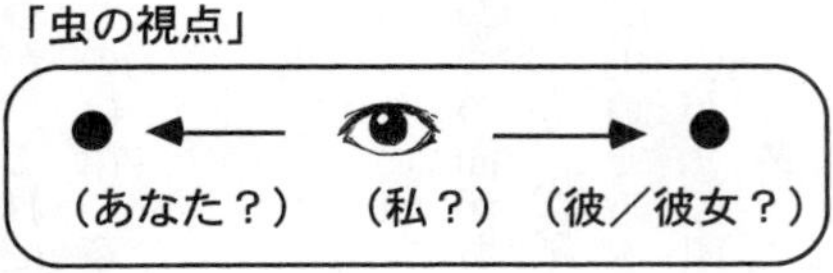

図21

人称論も日英両語では実態が違う。それは話者の視点が「天と地」ほどもかけ離れているからだ。仁田の「人称論」は視点論でこそ説明できるものだし、英語にあるような主語の存在をいささかも正当化するものではない。三上の「主語廃止論」は「わかりやすさと論理性」を実践する上でたいへん役立つが、これに反対する側の文法書は「現場の実践には大して役立たない」と書いていたのは第一章でも引用した本多勝一だが、まさに仁田文法はその典型であろう。

主語論と主題論

野田尚史《のだひさし》が「三上章フェスタ」の発表『三上章の主語・主題論』で正しく指摘したように、三上の理論には二つの面があった。ひとつが主語論、もうひとつは主題論である。しかし、どちらが三上文法の生命線かと言えば、それは明らかに主語論の方だ。主語論、つまり主語廃止論である。野田は、この二面の重要性に関して順位をつけるべきであった、というのが私の印象だ。とは言え、はるか遠くのモントリオールから一日だけの「三上章フェスタ」に参加したわけではなく、その後にくろしお出版のホームページ上でそのイベントの資料を見ただけではあるけれど。

二つの間に重要性の順位をつけることがなぜ重要かと言えば、主題論からは必ずしも主語論が出てこないが、その逆は真だからである。主語廃止論からは「主語がないとしたら、今まで学校文法で主語と言われてきたものは何だ？」という議論が必ず出てくる。そこで、ガ格の名詞を「主格補語」、ハのつく名詞を「主題」と言い分けることになるのである。

それだけではない。主語廃止論からは、日本語の文が「述語一本立て」という基本文の議論が出てくる。これを発展させたのが、私の主張している「盆栽ツリー」であり、その土台となる「(無主語の) 三基本文」にほかならない。この教育的効果の大きさは、ぜひご自分で試して確認されるといい。本多勝一の言葉を借りれば、まさに「分かりやすく現場で役立つ」ものの好例である。日本語の文が、述語一本だけで文として成立するという事実は、主題論から発展した「取り立て助詞」などよりも重要なテーマなのだ。

一方、主題論からは必ずしも主語論は出てこない。三上の学問的後継者と見なされている寺村秀夫が主語論より主題論に注目した時点で、現在の「三上離れ」に結びつく危うさが孕まれてしまったのだ。確かに三上は、話者の心的態度(モダリティ)にも注目した。ムウド(主観的判断)とコト(客観的内容)と呼んだのがそれで、これはそれぞれバイイの modus／dictum の二分法を受けたものである。寺村はこの二分法を発展させ、そこからモダリティや「取り立て助詞」などの豊かな研究結果と学問的後継者を多く出した。それは確かだが、反面、三上文法の生命線である「述語一本立て」の方が背景に押しやられるという弊害を生んだのである。

寺村は三上の学問的後継者ではない

寺村が主語論よりむしろ主題論に注目した、と述べたが、彼は主語論に注目しなかったのではなく、実は三上の主語廃止論に賛成しなかったのである。日本語学派の「三上離れ」は、寺村自身が種を蒔いたものなのだ。それは『日本語のシンタクスと意味　第Ⅰ巻』を読むとよく分かる。こういう箇所がある。

日本語では、補語は、シンタクティックには、任意要素である。また、述語の性質によって、一つだけのことも、二つ以上のこともある。

「述語が補語を少なくとも一つとる」というのは、明らかに三上の「述語一本立て」の主張に反する。「述語一本立て」であれば補語はゼロでなくてはいけない。三上ならここは「述語の性質によって、ゼロのことも、一つ以上のこともある」と言ったであろう。そして、寺村にとって、この「一つだけ」である補語は「主格補語」でなければならなかった。それは次の文に明らかだ。

どのような述語にとっても必須である補語は、「仕手」「主体」を表わす主格補語である。

こう明言する寺村に「人生の師」と仰がれては三上の方が困る。すでに述べたように、主格補語は必須のものではない。日本語における述語は補語を構文上必要などとしないのだ。述語だけで文であり、補語は言いたければ言う、それだけだ。この「不可欠性の欠如」が日本語の特徴であることは、すでに人称代名詞の箇所で述べた通りである。また「田中さんは英語ができる」の「英語が」も主格補語であるが、これは「仕手」や「主体」と言えるだろうか。寺村の主格補語は、英語の主語に極めて近いものを想定しているようである。いかにも生成文法にアメリカで四年間どっぷり漬かった寺村らしい。

一方で、寺村が「ゼロ項述語」の存在を認めているのは確かだ。しかしそれは「補語を一つもとらず、それだけで文が成り立つような述語」であり「言及されない主格補語が、発話を包む状況である」場合であって、かなり例外的なものである。つまり「雨だ／雪だ」など、主格補語が簡単に見つからないものに限られている。「ゼロ項述語」の『日本語のシンタクスと意味』全三巻中での扱いも驚くほど小さい。

こうして見ると、これまで言われてきたような、「寺村が三上の学問的後継者だ」とする主張が果たして正しいのかどうかは疑問となってくる。三上の文法理論の生命線が「主語廃止論」であるとする見地からは、寺村を学問的後継者と呼ぶことはできない。三上はまことに不運な星の下に生まれたと言うべきではないだろうか。死後に至ってなお、その優れた文法は正当な評価を得ていないのである。

しかも、三上文法の代表的紹介者／後継者とそれぞれ見なされてきた二人が実は三上離れの源流となっているのだ。つまり「日本語文法の父」と三上を呼んだ久野は「主語必要論」に走り、三上を「終生の師」と仰いだ寺村秀夫がまた、三上にとっては副次的な問題であった「主題」や「ムウド（主観的判断）」に注目して「主語廃止論」を継承しなかったのである。

ちなみに、三上自身が寺村の言語考察をまったく引用していないことも参考になろう。両者の執筆時期があまり重ならないという事実は認めても、三上の寺村への言及が僅かに『文法小論集』にあるカリフォルニア大学のW・チェイフの理論についての四行の脚注の中の「寺村秀夫氏私信による」だけなのはいかにも寂しい。もし三上と寺村の関係が「終生の師」と「学問的後継者」であったとしたら、これよりも盛んな学問的接触があって然るべきではないだろうか。

例えばその学問的接触や交流は、三上の死後に作られた「三上文法研究会（ＭＢＫ）」の発起人の一人で、七二年から九二年までの長きにわたってこれを運営した文法学者の山口光《やまぐちひかる》と三上の間にならし見られる。やはり発起人の一人で、くろしお出版の社長として三上に発表の場を与えた岡野篤信《おかのあつのぶ》氏と三上の長年の友情もまた感動的だ。二〇〇二年五月の帰国の際に、私は東京で山口氏と岡野氏にお会いできる僥倖《ぎょうこう》を得たが、おふたりから三上の想い出話を伺った一夜の感動は今も忘れられない。学者にとって、自分の理論を発表できる機会が与えられることがどんなに重要かは言うまでもない。三上文法が何はともあれここまで広く世に知られるに至ったのは、三上文法を信頼して三上章の著作を復刻し、さらにペンを手渡した岡野氏の名誉であり手柄なのだ。三上にとっての岡野氏は、あの『大漢和辞典』の諸橋轍次《もろはしてつじ》にとっての鈴木一平《すずきいっぺい》（大修館書店創業者）に他ならない。

ちなみに山口光の名前は三上によって四回言及されているし、どれも文法論に関するものだ。また、山口が「三上文法研究会（ＭＢＫ）」で最多の二一回も研究発表しているのに、寺村は亡くなるまでの一八年間、毎月発表の機会があったＭＢＫで三回しか発表していない。当時の詳しい事情は私には分かりかねるが、この少なさは「三上の学問的後継者」の名にふさわしいとは思えない。また、その三回の発表も『否定について』『アメリカ日本語教育の現状』『副助詞』と、三上文法を包括的体系的に紹介したとはあまり思えない演題が並んでいる。もとより寺村はＭＢＫの発起人ですらない。

こうした経緯で、まことに皮肉なことだが、三上が最も力説した「主語廃止論」は、寺村にブレーキをかけられ、久野には否定され、三上がその種を蒔いた「日本語学」の代表的論者である庵と仁田では、前者が「主語容認論」、後者が「主語必要論」を主張するという不幸な結果が生じてしまっているのが現状である。

もはや「日本語学」の三上離れは、不可逆的な流れかも知れない。三上の主語論、つまり廃止論は「空気のような存在」どころか「風に流される凧《たこ》」のような存在となっていないだろうか。それがどこかに飛んで行ってしまわぬように、三上に計り知れない学恩を受けた私は今後も主語必要論を論評し、三上文法の生命線である「主語廃止論」を不退転の覚悟で擁護し続けるつもりである。これは、街の語学者・三上さんの鎮魂のための弔い合戦だ。真理はやがて勝利すると信じているが、一緒に戦ってくれる同志を募りたい。

「主語廃止論」を欠いた「文法」を三上文法と呼んではいけない。困るのは、ありもしない主語をあると主張し、神学論争に明け暮れる上空の学界／学会ではない。いまだに母語のまともな文法を知らない日本人、とりわけ子供たちである。また、私の場合は日本語教室という「地に足のついた」現場であり、そこにいる何百人もの教え子たちなのだ。「地に足のついた」現場に要るのは「土着」の文法であることは言うまでもない。

参考文献

阿久津智『絵でわかるぎおんご・ぎたいご』アルク（一九九四）
安西徹雄『英語の発想』ちくま学芸文庫（二〇〇〇）
庵功雄『「象は鼻が長い」入門――日本語学の父　三上章』くろしお出版（二〇〇三）
池上嘉彦『「する」と「なる」の言語学』in『月刊言語』（一九七七―七八）、大修館書店（一九七七）
石川九楊『二重言語国家・日本』NHKブックス（一九九九）
泉井久之助『ヨーロッパの言語』岩波新書（一九六八）
伊藤千尋『米語の悲劇・大阪弁の喜劇』in『月刊言語』2月号、大修館書店（二〇〇三）
岩谷宏『にっぽん再鎖国論――ぼくらに英語はわからない』ロッキング・オン（一九八二）
大久保喬樹『日本文化論の系譜』中公新書（二〇〇三）
大槻文彦『広日本文典』（一九八〇　勉誠社より復刻）（一八九七）
大野晋『日本語の文法を考える』岩波新書（一九七八）
大野晋『日本語練習帳』岩波新書（一九九九）
大野晋／佐竹昭広／前田金五郎『岩波古語辞典』岩波書店（一九七四）
大野晋／丸谷才一『日本語の世界9』付録「対談」中央公論社（一九八一）
加賀野井秀一『日本語は進化する――情意表現から論理表現へ』NHKブックス（二〇〇二）
影山太郎『ケジメのない日本語』岩波書店（二〇〇二）

金谷武洋『日本語主語再論：類型論と印欧語文法への寄与』in JOURNAL CAJLE（vol.2）（一九九八）
金谷武洋『学校文法60年の功罪』in JOURNAL CAJLE（vol.1）（一九九七）
金谷武洋『日本語と日本人の自然観』カナダ日本語教育振興会、Newsletter（vol.12）（一九九六）
加藤典洋『日本という身体――「大・新・高」の精神史』講談社選書メチエ（一九九四）
金谷武洋『日本語「ある」と英語DOの対照研究』ATJ Seminar, San Diego（二〇〇〇）
金谷武洋『日本語に主語はいらない――百年の誤謬を正す』講談社選書メチエ（二〇〇二）
金谷武洋『日本語文法の謎を解く――「ある」日本語と「する」英語』ちくま新書（二〇〇三ａ）
金谷武洋『幻想としての学校文法』in『大航海』（No.46）、新書館（二〇〇三ｂ）
金谷武洋『日本語文法のどこが間違いか』in『日本の論点二〇〇四』文芸春秋（二〇〇三ｃ）
金谷武洋『主語を抹殺した男――評伝三上章』講談社（二〇〇六）
北原保雄『日本語：６（文法）』中央公論社（一九八一）
ロビン・ギル『英語はこんなにニッポン語』ちくま文庫（一九八九）
金田一春彦『日本語（新版）』岩波新書（一九八八）
久野暲『日本文法研究』大修館書店（一九七三）
久野暲『日本語の主語の特殊性』in『月刊言語』６月号、大修館書店（一九七七）
ヴィクトール・クレムペラー『第三帝国の言語〈ＬＴＩ〉』法政大学出版局（一九七四）
小坂国継『西田幾多郎の思想』講談社学術文庫（二〇〇二）
阪倉篤義『語構成の研究』角川書店（一九六六）

柴谷方良『日本語の分析』大修館書店（一九七八）
下宮忠雄ほか『スタンダード英語語源辞典』大修館書店（一九八九）
下村寅太郎『西田幾多郎——人と思想』東海大学出版会（一九七七）
鈴木孝夫『閉ざされた言語・日本語の世界』新潮選書（一九七五）
鈴木孝夫『日本人はなぜ英語ができないか』岩波新書（一九九九）
鈴木孝夫『英語はいらない!?』PHP新書（二〇〇一）
フェルディナン・ド・ソシュール『言語学原論』（小林英夫訳）岡書院（一九二八）
高田宏『言葉の海へ』新潮社（一九七八）
辻俊彦『カナダが教えてくれたニッポン』芸立出版（二〇〇二）
辻谷真一郎『学校英語よ、さようなら』文芸社（二〇〇二）
角田太作『世界の言語と日本語』くろしお出版（一九九一）
アンドリュー・デウィット『反ブッシュイズム』岩波ブックレット（二〇〇三）
時枝誠記『日本文法口語篇』岩波全書（一九五四）
中尾俊夫『英語の歴史』講談社現代新書（一九八九）
中沢新一『熊から王へ』講談社選書メチエ（二〇〇二）
西田幾多郎『善の研究』in『西田幾多郎全集』岩波書店（一九一一）
西田幾多郎『場所的論理と宗教的世界観』in『西田幾多郎全集』岩波書店（一九四五）
仁田義雄『日本語文法研究序説——日本語の記述文法を目指して』くろしお出版（一九九七）
野田尚史『「は」と「が」』くろしお出版（一九九六）

橋本進吉『助詞・助動詞の研究』in『橋本進吉博士著作集第8冊』岩波書店（一九六九）
マーク・ピーターセン『続・日本人の英語』岩波新書（一九九〇）
福田恆存『私の國語教室』文春文庫（二〇〇二）
細江逸記『我が國語の動詞の相（Voice）を論じ、動詞の活用形式の分岐するに至りし原理の一端に及ぶ』in『岡倉由三郎退官記念論集』（一九二八）
本多勝一『日本語の作文技術』朝日文庫（一九八二）
牧野成一『ウチとソトの言語文化学――文法を文化で切る』アルク（一九九六）
益岡隆志『三上文法から寺村文法へ――日本語記述文法の世界』くろしお出版（二〇〇三）
町田健『日本語のしくみがわかる本』研究社（二〇〇〇）
町田健『まちがいだらけの日本語文法』講談社現代新書（二〇〇二）
松本克己『主語について』in『言語研究』100号、日本言語学会（一九九一）
丸山眞男『日本の思想』岩波新書（一九六一）
三浦正弘『汎神論のための宗教学』丸善神戸出版サービスセンター（一九九七）
三上章『象は鼻が長い』くろしお出版（一九六〇）
三上章『現代語法序説』くろしお出版（一九七二）
三上章『三上章論文集』くろしお出版（一九七五）
森田良行『日本人の発想、日本語の表現』中公新書（一九九八）
山口光『還元文法構文論――再検討・三上文法』めいけい出版（二〇〇一）
山下正男『新しい哲学』培風館（一九六七）

吉川武時『日本語文法入門』アルク（一九九〇）
渡部昇一『日本語のこころ』講談社現代新書（一九七四）
渡部昇一『英文法を撫でる』ＰＨＰ新書（一九九六）
渡辺実『さすが！　日本語』ちくま新書（二〇〇一）

Benvenist, E.“Problème de linguistique generale-1”, Gallimard, Paris, 1966
Comrie, B.“Language Universals and Linguistic Typology”, Oxford, Blackwell, 1981
Gonda, J.“Remarks on the Sanskrit Passive”, E. J. Brille, Leiden, 1951
Smith, J.“Essentials of Early English”, Routledge, London, 1999
Jespersen, O.“The Philosophy of Grammar”, Allen, London, 1924
Meillet, A.“Linguistique historique et linguistique generale”, Champion, Paris, 1921
Sapir, E.“Language”, Harcourt Brace and Company, New York, 1921
Whorf, B. L.“Language, Thought, and Reality”, MIT Press, 1956

学術文庫版のためのあとがき

二〇〇四年に「講談社選書メチエ」の一冊として出版された本は嬉しいことに増刷することが出来、さらに学界やメディアからも大変好意的に取り上げられた。それを受けて、この度同じ講談社から学術文庫版としても出版されることになった。

文庫版化に際して、改めて原本を読み直したが、一五年という時の流れを感じさせる部分が多々あったので、平成最後の年となった二〇一九年の時代状況にいかにも合わない部分は思い切って削除し、また新たに付け加えたいことは加筆した。

講談社学術文庫にも収録されていた『明治大正史　世相篇』に柳田國男はこう書いている。

この世相の渦巻きの全き姿を知るといふことは、同じ流れに浮かぶ者にとつて、さう簡単な努力ではなかつた。

原本を執筆中の二〇〇四年当時、私が抱き続けたのもそんな思いであった。確かに、学問をするには日常の「生活」からある高みへと自分を引き離して「俯瞰」することがどうしても必要になる。本書の言葉を使えば、民俗学者柳田は「常民」の住む「虫の視点」に身をおきつつも、時空を超えた全体像を「神の視点」から俯瞰するために、二つの地平を絶えず往復した。この「渡り」の妙こそが柳田民俗学の真骨頂であろう。装いも新たに再び上梓する本書も二つの地平の間の「渡り」を目指したが、それは成功しただろうか。そう願いたい。

さらに私の場合は「神の視点」だけではなく、もう一つの「虫の視点」を得たことが長年にわたる文法考察の支えになっている気がしてならない。つまり、日本にいて日本語を考察する視点と並行して、太平洋を隔てたカナダ東部、ケベック州という「外からの視点」が持てたのである。私の提唱する日本語文法は一九七五年以来四〇年以上もカナダのフランス語圏であるケベック州に住んでいることと深い関係があると思える。その理由を簡単に述べよう。

それは先ず、多くのケベック人が母語のフランス語を大切にしようと考える気持ちの美しさに私が感動したことである。ご存知のようにカナダは南でアメリカ合衆国という世界の一大国と国境を接しており、さらに、カナダに一〇ある州はそのほとんど全部が英語州なのだ。つまり人口約八〇〇万人のケベック州民はその周りをおよそ三億五〇〇〇万人の英語人口に囲まれて暮らしているわけで、人口を比較すると実に英語話者は四〇倍も多いのである。もしケベック州に住んでいるのが日本人だったら、どうだろう。自分の言葉をあっさり捨てて、州の公用語を英語にしようと思うのではないだろうか。回りを海で囲まれ（守られ）ている日本にさえ、明治期にはそう主張する政治家や文化人が輩出した。

ところが、ケベックは明らかにそれとは反対の道を選んだのだ。一九七〇年代に州議会で言語法が可決され、公用語は英語でなくフランス語、しかもフランス語のみ、と決めたのである。カナダでこんな州はケベック以外にはない。日本とは違って毎年外国から多くの移民が移住して来るが、そうした人たちは無料でフランス語が学べ、加えて就職の斡旋までしてもらえる。いや、それどころか、フランス語を学習中の移民には財政援助、つまり暮らしに困らないように州政府が結構な額の補助金を支払ってくれるのだ。まさに至れりつくせりである。実は私もそのプログラムのお世話になった一人で、今でもそのことを州政府と州民に深く感謝している。

現在、地球温暖化や公害などで実に多くの魚、動物、鳥が死んでいる。人類という、たった一種の生物の身勝手のせいで「種の多様性」が失われているのだ。そしてそうした危険な傾向は世界の言語にも見られる。毎年何百という言語が、主要な言語、とりわけ英語、ロシア語、中国語に吸収されて地上から消えてゆく状況があるのだ。

とりわけ英語は「世界でただ一つの世界共通語」とみなされ、地球上の英語話者の人口は増える一方である。そうした中でケベック州が言語法を作ってまで必死にフランス語を守っている姿に、私は感動を禁じ得ない。四〇年以上もこの地に留まって移民になり、やがては喜んでこの地で死ぬ覚悟を決めたのもそれが理由である。移民になった後、仕事はモントリオール大学東アジア研究所（CETASE）の日本語科で日本語教師となり、やがては二〇年以上にわたって日本語科の科長を勤めることが出来た。

日本語教師の仕事を選んだきっかけは、親の元を離れて三年間通った高等学校に遡る。函館ラ・サール高校でずっと寮生活を送った私は、ケベックから来た多くのカトリック教会のブラザー（修道士）にこの上なくお世話になった。結婚もせず、子も持たず、赴任先の異国の言葉を習得して一生をその国での教育に捧げる若いブラザー達。ケベック州民でケベッコワと呼ばれる彼らの優しい笑顔が今でも忘れられない。そして日本語教師の私はある日ふと思ったのだ。私は逆方向でケベックの若者に日本を知ってもらおう、そのために日本へ一人でも多くの学生を送り込もう、と。それは、私のケベックへの恩返しのつもりであった。モントリオール大学で日本語を教えた二五年間、東京、金沢、福島県いわき市などにいろいろなホームステイ・プログラムを作って、毎年多くの教え子を日本へ送ることが出来た。今では、カナダ、日本それから世界各地に政治家、外交官、実業家、芸術家などとしてかつての学生が活躍している。当初は一〇〇名を目標としたが、いつしかその倍の二〇〇人を超えたときに、もう私の役割は終わったと思い、大学を去った。それが七年前、二〇一二年のことである。

本書がこうして上梓されるにあたっては色々な方にお世話になった。あまりに数が多いので全員のお名前をここで挙げることはしない、一人だけ選ぶとすれば、それは、既に三〇年以上苦楽を共にしているケベックワーズの妻、ジャクリーヌ(Jacqueline Bédard)である。仕事での日本語、生活におけるフランス語。日常における二言語往復(=渡り)という刺激がなかったら、本を出版できることなどと思いもよらなかったであろう。本書第二章にマルク・レピン事件を加えることを妻は勧め、あちこちから事件の資料を集めて助けてくれた。今回の文庫版出版に向けて校正をしている最中に、ふとした不注意から家で右足の踵を骨折するという怪我をしたが、自分のことよりも「本の準備は進んでる?」と何度も声をかけくれた最愛の妻ジャクリーヌに、感謝を持って本書を捧げたい。

War is over. If you want it.

故ジョン・レノン、オノ・ヨーコ夫妻の言葉である。そう、戦争ですら今すぐ終わらせることができる。実は、その決定権を握っているのはアメリカという世界最強国の大統領ではない。国境も文化の違いも越えた「虫の地平」にいる我々庶民が決められるのだ。ただし、それには条件がある。それがIf you want it. で我々がそう望むなら、そう主張しなくてはいけない。「国益」という美名のもとに、日本が超大国アメリカにひたすら追従する姿勢は、国際舞台で責任を果たそうとする国家のそれではない。そして、明治以来一貫して英語の構文法（シンタックス）で日本語文法を歪めつつ記述する愚行も追従外交と並行していると思われる。そうした文法は決して真に日本語の発想に根ざしたものではないのだ。今はリタイヤ生活に入った私だが、今後も「優しい国」カナダから発信を続けていこうと思っている。

金谷武洋

師逝きて御魂残れり丑三つも
憑かれ物書く吾は言上ぐ

二〇一九年三月二五日　モントリオール南岸、ブロサールの寓居にて本書の原本は二〇〇四年に講談社選書メチエ『英語にも主語はなかった』として刊行されました。

金谷武洋（かなや　たけひろ）

1951年生まれ。東京大学教養学部卒業。ラヴァル大学で修士号（言語学），モントリオール大学で博士号（言語学）取得。専門は類型論，日本語教育。カナダ放送協会国際局，モントリオール大学東アジア研究所日本語科科長を歴任。
著書に『日本語に主語はいらない』（講談社選書メチエ），『日本語文法の謎を解く』（ちくま新書），『日本語が世界を平和にするこれだけの理由』（飛鳥新社）などがある。

講談社学術文庫

定価はカバーに表示してあります。

日本語《にほんご》と西欧語《せいおうご》
主語《しゅご》の由来《ゆらい》を探《さぐ》る

金谷《かなや》武洋《たけひろ》

2019年５月10日　第１刷発行

発行者　渡瀬昌彦
発行所　株式会社講談社
東京都文京区音羽 2-12-21 〒112-8001
電話　編集（03）5395-3512
販売（03）5395-4415
業務（03）5395-3615

装　幀　蟹江征治
印　刷　豊国印刷株式会社
製　本　株式会社国宝社
本文データ制作　講談社デジタル製作

ISBN978-4-06-516069-5

#「講談社学術文庫」の刊行に当たって

これは、学術をポケットに入れることをモットーとして生まれた文庫である。学術は少年の心を養い、成年の心を満たす。その学術がポケットにはいる形で、万人のものになることは、生涯教育をうたう現代の理想である。

こうした考え方は、学術を巨大な城のように見る世間の常識に反するかもしれない。また、一部の人たちからは、学術の権威をおとすものと非難されるかもしれない。しかし、それはいずれも学術の新しい在り方を解しないものといわざるをえない。

学術は、まず魔術への挑戦から始まった。やがて、いわゆる常識をつぎつぎに改めていった。学術の権威は、幾百年、幾千年にわたる、苦しい戦いの成果である。こうしてきずきあげられた城が、一見して近づきがたいものにうつるのは、そのためである。しかし、学術の権威を、その形の上だけで判断してはならない。その生成のあとをかえりみれば、その根は常に人々の生活の中にあった。学術が大きな力たりうるのはそのためであって、生活をはなれた学術は、どこにもない。

開かれた社会といわれる現代にとって、これはまったく自明である。生活と学術との間に、もし距離があるとすれば、何をおいてもこれを埋めねばならない。もしこの距離が形の上の迷信からきているとすれば、その迷信をうち破らねばならぬ。

学術文庫は、内外の迷信を打破し、学術のために新しい天地をひらく意図をもって生まれた。文庫という小さい形と、学術という壮大な城とが、完全に両立するためには、なおいくらかの時を必要とするであろう。しかし、学術をポケットにした社会が、人間の生活にとってより豊かな社会であることは、たしかである。そうした社会の実現のために、文庫の世界に新しいジャンルを加えることができれば幸いである。

一九七六年六月

野間省一

ことば・考える・書く・辞典・事典

日本の文章
外山滋比古《とやましげひこ》著（解説・富岡多恵子）

日本語の根源的問題を扱った画期的文章論。英文学・英語教育に精通する著者が、外国語と日本語の文章を対等に比較・客観視して日本語のあるべき真の姿を解明。学者的直観と先見に溢れた好著である。

648

大阪ことば事典
牧村史陽《しよう》編

最も大阪的な言葉六千四百語を網羅し、アクセント、語源、豊富な用例を示すとともに、言葉の微妙なニュアンスまで詳しく解説した定評ある事典。巻末に項目検出索引、大阪のしゃれことば一覧を付した。

658

ドイツ語とドイツ人気質
小塩《おしお》節《たかし》著

ドイツ語に深い愛を寄せつつ率直かつ平明にその特徴を解析し、頑強・明快・重厚なドイツ精神を浮き彫りにする。日常のドイツ語からドイツ人気質をさぐり、日本とはおよそ異質な文化世界への扉を開ける書。

825

レトリック感覚
佐藤信夫著（解説・佐々木健一）

日本人の言語感覚に不足するユーモアと独創性を豊かにするために、言葉の〈あや〉とも呼ばれるレトリックに新しい光をあてる。日本人の立場で修辞学を再検討して、発見的思考への視点をひらく画期的論考。

1029

レトリック認識
佐藤信夫著（解説・池上嘉彦）

古来、心に残る名文句は、特異な表現である場合が多い。黙説、転喩、逆説、反語、暗示など、言葉のあやの多彩な領域を具体例によって検討し、独創的な思考のための言語メカニズムの可能性を探る注目の書。

1043

言語・思考・現実
B・L・ウォーフ著／池上嘉彦訳

言葉の違いは物の見方そのものに影響することを実証し、現代の文化記号論を唱導したウォーフの主要論文を精選。「サピア＝ウォーフの仮説」として知られる言語と文化について鋭い問題提起をした先駆的名著。

1073

ことば・考える・書く・辞典・事典

佐藤信夫著（解説・佐々木健一）
レトリックの記号論
記号論としてのレトリック・メカニズムとは。我々を囲む文化は巨大な記号の体系に他ならない。微妙な言語現象を分析・解読するレトリックの認識こそ、記号論の最も重要な主題であることを具体的に説いた好著。

1098

菊地康人著
敬語
日本語の急所、敬語の仕組みと使い方を詳述。尊敬語・謙譲語・丁寧語など、日本語ほど敬語が高度に発達している言語はない。敬語の体系を平明に解説し、豊富な用例でその適切な使い方を説く現代人必携の書。

1268

M・J・アドラー、C・V・ドーレン著／外山滋比古・槇　未知子訳
本を読む本
知的かつ実際的な読書の技術を平易に解説。読書の本来の意味を考え、読者のレベルに応じたさまざまな読書の技術を紹介し、読者を積極的な読書へと導く。世界各国で半世紀にわたって読みつがれてきた好著。

1299

小松英雄著（解説・石川九楊）
いろはうた　日本語史へのいざない
千年以上も言語文化史の中核であった「いろはうた」に秘められた日本語の歴史と、そこに見えてくる現代語表記の問題点。言語をめぐる知的な営為のあり方を探り、従来の国文法を超克した日本語の姿を描く一冊。

1941

菊地康人著
敬語再入門
現代社会で、豊かな言語活動と円滑な人間関係の構築に不可欠な、敬語を使いこなすコツとは何か？　豊富な実例に則した百項目のQ＆A方式で、敬語の疑問点を解説。敬語研究の第一人者による実践的敬語入門。

1984

新島　繁著（解説・片山虎之介）
蕎麦の事典
故・司馬遼太郎が「よき江戸時代人の末裔」と賞賛した市井の研究者によって体系化された膨大な知見。蕎麦の歴史、調理法、栄養、習俗、諺、隠語、方言――あらゆる資料を博捜し、探求した決定版〈読む事典〉。

2050

ことば・考える・書く・辞典・事典

杉本つとむ著
東京語の歴史
古代のあずま詞《ことば》（東国方言）、江戸の言葉が関西の言葉を吸収して「江戸語」へ。そして江戸語から東京語に。その東京語も国家によって、標準語として人為的に作られた新・東京語へ。言葉は歴史と交錯する。

2250

石川九楊著
日本語とはどういう言語か
漢字、ひらがな、カタカナの三種の文字からなる日本語。書字中心の東アジア漢字文明圏においても構造的に最も文字依存度が高い日本語の特質を、言（はなしことば）と文（かきことば）の総合としてとらえる。

2277

松井力也著
日本人のための英語学習法
英語を理解するためには、英語ネイティブの頭の中にある、英語によって切り取られた世界の成り立ちや、イメージを捉える必要がある。日本語と英語の間にある乖離を乗り越え、特有の文法や表現を平易に解説。

2287

山口仲美編
擬音語・擬態語辞典
「しくしく痛む」と「きりきり痛む」、「うるうる」と「うるっ」はいったいどう違うのか？　約二千語を集大成した、オノマトペ辞典の決定版。万葉集からコミックまで用例満載。日本語表現力が大幅にアップ！

2295

平田オリザ著（解説・高橋源一郎）
対話のレッスン　日本人のためのコミュニケーション術
異なる価値観の相手と、いかにコミュニケーションを図るか。これからの私たちに向けて、演説・スピーチ・説得・対話から会話まで、話し言葉の多様な世界を指し示す。人間関係を構築するための新しい日本語論。

2299

梅棹忠夫著（解説・京極夏彦／山根一眞）
日本語と事務革命
日本語はグローバルな言語たりうるのか？　ワープロの出現以降、何がどう変わったのか？〝知的生産の技術と情報処理〟をめぐる、刺激的論考。ＩＴ時代になっても梅棹の問題提起はいささかも古びてはいない。

2338